PAOLA DI BENEDETTO

Se ci credi

ci vogliono testa e cuore

Rizzoli

Pubblicato per

Rizzoli

da Mondadori Libri S.p.A.

ISBN 978-88-17-15418-5

Prima edizione: novembre 2020

Realizzazione editoriale: Aliberti Consulting

Se ci credi

ci vogliono testa e cuore

I

«Voglio diventare un maschio» rispondevo a mia zia Salvina quando mi chiedeva cosa avrei voluto fare da grande. Avevo al massimo dieci anni, un fratello, tanti amici maschi, mi piaceva correre e andare in bicicletta e mi rifiutavo di mettere le gonne. Troppo scomode per i giochi che piacevano a me. Il mio mondo iniziava e finiva nel giardino che circonda la casa dove i miei genitori vivono tuttora e Giovanni e io siamo cresciuti inseguendoci, sporcandoci, nascondendoci dietro le piante d'estate e facendo pupazzi di neve d'inverno.

Poi, un giorno, mi sono scoperta grande per davvero. Non sono diventata maschio, anche se l'amore per i pantaloni è intatto, e così la certezza della me bambina di poter vivere una vita che mi assomiglia.

È una certezza preziosa, un dono che devo ai miei genitori e al loro esempio, e che fa di me una persona fortunata. Chi si incammina partendo da una base solida fa meno fatica e ha più chance di arrivare sulla cima della sua personalissima vetta di chi parte sicuro di non arrivare mai, no? Almeno, io la vedo così.

Quale che sia la nostra condizione di partenza, per poter guardare il mondo da lassù bisogna a mio avviso rispettare una condizione irrinunciabile: la dedizione. Non ci sono fatine che tengano: nessun sogno si avvera grazie alla sola fortuna. I sogni che si avverano sono quelli che perseguiamo con amore, con tenacia, con convinzione. Facendo sacrifici, all'occorrenza.

> "Non ci sono fatine che tengano: nessun sogno si avvera grazie alla sola fortuna. I sogni che si avverano sono quelli che perseguiamo con amore, con tenacia, con convinzione. Facendo sacrifici, all'occorrenza."

Mi rendo conto che parole così possano suonare strane in bocca a una ragazza che lavora nel mondo più veloce che c'è, quello della rete, dove ogni post viene visualizzato per pochi secondi e ogni minuto nasce una nuova stella. Però è esattamente così che sono riuscita a ricavarmi il mio piccolo spazio professionale e nei cuori delle persone che mi seguono.

Facendo sogni grandi, ma ponendomi obiettivi raggiungibili, sempre un po' più ambiziosi. Raccontandomi per quella che sono, giorno, dopo giorno, dopo giorno.

Ho aperto il mio profilo Instagram nel 2015. Da allora mi sono accadute tante di quelle cose – alcune bellissime, altre meno, alcune difficili da metabolizzare, altre così indigeste che ancora languono all'altezza del mio stomaco – che a volte mi sorprendo a domandarmi se sia vero, e se siano successe proprio a me. Perché la verità è che io non sono più quella persona. Sono cambiata. Ero una ragazzina, oggi sono una donna. Vedevo tutto bianco e nero, oggi so che la realtà a volte è bianca, a volte nera, spessissimo grigia, ma talvolta anche gialla, rossa o celeste.

La certezza di cui parlavo, quella di poter vivere una vita che mi assomiglia davvero, però, non mi ha mai abbandonato. Mi ha ispirato quando dovevo prendere decisioni importanti e consolato quando il mare in cui stavo navigando era agitato, il cielo coperto e il vento aveva cominciato a soffiare forte. È per me così importante che ho pensato di condividerla: se anche una sola persona potesse sentirsi ricaricata e guardare alla vita con uno sguardo nuovo ed energie fresche, dopo avermi letto, avrei centrato il mio obiettivo.

Ho provato a condensare tutto ciò che avevo da dire in una story di Instagram, ma probabilmente sarebbe stata la story più lunga della storia delle stories di Instagram: nessuno l'avrebbe seguita fino in fondo! Mi è stato subito chiaro che, se volevo rendere giustizia al mio cuore, dovevo prendermi lo spazio e il tempo giusti per andare in profondità, perché rimanendo in superficie avrei rischiato di sprecare un'occasione.

Eccoci qua, allora: una ragazza, i suoi sogni e le parole per raccontarli.

II

Ero la ragazzina più timida sulla Terra. Se qualcuno mi osservava, arrossivo. Se mi imbarazzavo, arrossivo. Se il ragazzo che mi piaceva mi rivolgeva la parola mi bloccavo e finivo con il fissarlo balbettando una risposta della quale mi sarei poi pentita per ore. Le mie compagne mi sembravano lontane anni luce: più belle, più spigliate, espertissime in un'arte che a me era preclusa, ovvero scegliere vestiti cool e abbinarli. In quel periodo, avrò avuto tredici o quattordici anni, non avevo idea di come combinare gli abiti e le scarpe tra loro per creare dei look gradevoli e che, magari, mi rispecchiassero. Se ci riuscivo, era a mia totale insaputa: magari oggettivamente indossavo capi che mi stavano bene, ma non mi sentivo mai del tutto a mio agio. Così, di solito, andavo sul sicuro e dal mio armadio strapieno sceglievo sempre le stesse tre cose (felpa oversize, jeans, sneakers). Una divisa, in pratica.

Sicura, però, sicura per davvero, non mi sentivo mai. La ragione la devo ancora capire, e nemmeno so se c'è stata, una ragione vera, concreta: ricordo bene che ero a disagio con il mio aspetto, ma se riguardo le foto di me adolescente non saprei dire perché. Avevo l'acne, d'accordo, i brufoli comparivano e scomparivano allo stesso ritmo con cui lampeggiano le insegne dei negozi aperti h24, ma ero sorridente, con gambe lunghe da fenicottero e la vita sottile. Il viso era acerbo, un acquerello in attesa della rifinitura che solo il tempo può regalare. Ero ovviamente diversa da ora, ma già io: mi riconosco in quella ragazzina, nella sua inquietudine di fondo, nella sua voglia di libertà, nella sua fame di indipendenza mal indirizzata. Forse, semplicemente, il problema era che ancora non mi conoscevo: non avevo idea di chi fossi. Men che meno di chi volessi essere, di cosa volessi fare.

Se non altro, sapevo cosa non ero. Cosa non volevo. E non volevo quella goffaggine. Quel timore di pronunciare la frase sbagliata al momento sbagliato e passare per stupida. Così, ho fatto come mi aveva insegnato mia madre.

La mia mamma è nata e cresciuta in un paesino dell'entroterra siciliano, Castronovo di Sicilia, in provincia di Palermo. Si trova quasi al centro dell'isola, aggrappato alle pendici dei Monti Sicani.

Per i genitori, i parenti, i vicini di casa (che a Castronovo costituiscono praticamente tutti gli abitanti del paese) mia madre è sempre stata "Nina", diminutivo di Antonina. Finite le scuole medie, per frequentare le superiori dovette spostarsi nel paese vicino.

Definirla, al tempo, timida sarebbe un eufemismo. Io sono stata (e ancora, in parte, sono) timida: lei era chiusa come un bocciolo di rosa, che tiene tutta la bellezza all'interno, solo per sé. Romantico, se vogliamo, ma la mia mamma non voleva essere arrotolata su se stessa: voleva andare incontro alla vita, e sentirsi libera di farlo senza paure, senza zavorre. È stato allora che si è guardata allo specchio e si è detta: "Basta, è ora di finirla, adesso tiriamo fuori gli attributi". Ha preteso di farsi chiamare da tutti con un nome che sentiva suo più del proprio: Antonella. È stato allora che ha cominciato anche a guardare mio padre, che già conosceva di vista, con altri occhi – ma questa è un'altra storia, che ci sarà tempo di raccontare.

Come la mia mamma, un giorno mi sono guardata allo specchio e ho detto a me stessa: "Basta, questa non sono io". Anch'io avevo iniziato da poco le superiori. Mi ricordo bene di aver scostato i capelli dal viso e di essermi fissata con una decisione che forse avevo visto solo nei film. Avevo l'immancabile brufolo rosso all'angolo della bocca, rubai il correttore di mia madre e, per la prima volta, lo truccai.

Tutto qui? Temo di sì, ma non è stato così poco come sembra. Certo, ci sono gesti molto più scenografici del guardarsi allo specchio a quattordici anni, ma ricordo quel momento perché è stato il primo in cui ho capito che solo venendo a patti con quella che ero, accettandomi, avrei potuto essere felice. Se avessi continuato a lamentarmi dell'acne senza fare nulla sarei rimasta a vergognarmi in ultima fila, mentre volevo stare davanti: essere protagonista della mia vita. Non avevo particolari ostacoli da superare: quello principale era la paura di rivelarmi inadeguata. A questo ho detto "basta", e piano piano sono cominciate ad accadermi cose che, fino al giorno prima, mi pareva potessero accadere solo agli altri.

> "SOLO VENENDO A PATTI CON CHI SIAMO DAVVERO – SOLO ACCETTANDOCI – POTREMO ESSERE FELICI."

Ho conosciuto Bianca, che frequentava la mia stessa scuola. Aveva appena un anno in più di me, ma ai miei occhi di quattordicenne imbranata ci separava un abisso: Bianca irradiava fiducia. Con il senno di poi era appena uscita dall'infanzia anche lei, proprio come la sottoscritta, ma mi sembrava una donna fatta: indossava scarpe alla moda, maglioncini carini, si lisciava i capelli con la piastra, si truccava gli occhi con una riga sottile di matita nera. Rimasi affascinata e, per la prima volta, pensai che anch'io avrei voluto sentirmi così. Non tanto così bella, ma così sicura.

La mattina dopo ci misi un'eternità a decidere cosa mettermi per andare a scuola, e così le mattine successive. Ma un bel giorno – è il caso di dirlo – aprii l'armadio e, con una disinvoltura che non credevo mi sarebbe mai appartenuta, tirai fuori un paio di jeans attillati, una maglietta aderente e una felpa che mi arrivava al massimo alla vita (della mia taglia, non le solite due in più). La sera prima mi ero lavata e piastrata i capelli. Mi guardai allo specchio e vidi la cara vecchia Pao, ma in una versione nuova. 2.0. Evoluta. Una quasi donna sulla quale persino un po' di mascara non sarebbe stato fuori luogo.

III

Il mio sogno di bambina non prevede per forza il matrimonio, ma i figli sì. Possibilmente due, anche tre, e preferibilmente maschi. È sempre stato così. Supponendo che io non senta il bisogno recondito di avere tre bodyguard a proteggermi per tutta la vita, credo che questo desiderio di avere figli maschi sia dettato più che altro dalla paura di ritrovarmi a crescere una bambina con tratti in comune con la creatura di sesso femminile che meglio conosco. Me.

Aiuto.

Sono stata una bimba felice, allegra, spiritosa. Ero scalmanata e avevo la lingua lunghissima: quello che pensavo dovevo dirlo, in barba alle convenzioni o alla buona educazione. A Natale, quando la famiglia è tutta riunita, immancabilmente qualcuno rievoca il glorioso momento in cui, al pranzo di matrimonio di una delle mie giovani zie, con il mio abitino a balze e le scarpine di vernice, mi alzai in piedi sulla sedia ed esclamai, felicissima: «Minchia, che festa!».

Da bambina me la cavavo grazie agli occhioni da cerbiatto e al sorriso sornione, che mi aiutavano a farmi perdonare. Trasferita pari pari nell'adolescenza, cotanta indole si è tradotta in un'esplosione di ribellione purissima. Avendo una famiglia solida e amatissima alle spalle e una decente vita sociale, tutti i miei "no" erano indirizzati verso un unico obiettivo: la scuola.

Dei miei risultati scolastici non parlo mai perché me ne vergogno. Ho deciso di farlo adesso per onestà, ma anche perché scrivere un libro è un po' come guardarsi allo specchio. "Ancora con questo specchio?" avrete voglia di chiedermi. Ebbene sì. Lo specchio nella mia vita ha un ruolo importante. Non mente, non indora la pillola, non altera la realtà. Basta osservarsi con un minimo di sincerità per capire se si sta andando nella direzione giusta o in quella sbagliata. Lo faccio da quando sono piccolina.

Mio padre mi ha sempre ripetuto che la mattina, appena alzata, quando mi guardo allo specchio non devo tanto soffermarmi sul segno che il cuscino mi ha lasciato sulla guancia sinistra o sui capelli arruffati, ma chiedermi se sono serena. «Non devi vergognarti né pentirti di niente» mi dice, per inculcarmi l'importanza del fare le mie scelte con quel minimo di ragionevolezza che dovrebbe tutelarmi dallo sprofondare, un domani, nel senso di colpa.

> “Guardatevi allo specchio.
> Lo specchio non mente,
> non indora la pillola,
> non altera la realtà.
> Basta osservarsi
> con un minimo di sincerità
> per capire se si sta andando
> nella direzione giusta
> o in quella sbagliata.”

È un consiglio che ho cercato di seguire nella vita privata come in quella professionale. Non sempre ci sono riuscita: ho infilato anch'io la mia bella serie di errori, più o meno madornali, cadute e passi falsi. Oggi, che conosco meglio le mie potenzialità e i miei limiti, ma anche il mio carattere e i miei sentimenti, mi riesce più semplice. A quattordici anni, con gli ormoni impazziti e il cervello in via di definizione, era una vera e propria impresa.

All'esame di terza media sono andata benissimo, guadagnandomi un voto finale di tutto rispetto: Otto. Avrei potuto scegliere qualsiasi scuola: il liceo classico, lo scientifico, il socio-psico-pedagogico... Ma io ero un po' preoccupata. Come tutti, a quell'età, avevo l'impressione di trovarmi di fronte alla decisione che più di tutte avrebbe determinato il corso del mio destino – come se frequentare una scuola o un'altra avrebbe potuto chiudermi irrimediabilmente alcune strade e costringermi a marciare verso le altre. Con il senno di poi è facile sorridere teneramente a questa idea e pensare che, se incontrassi quella Paola, proverei a tranquillizzarla in tutti i modi. Allora avevo una visione pre-apocalittica: se avessi sbagliato scuola, mi sarei fregata. Per di più, con le mie mani, visto che i miei genitori – forti del loro "senno di poi" e, probabilmente, conoscendo bene la mia testardaggine – si sentivano talmente calmi da lasciarmi libera di fare la mia scelta.

Per una combinazione di ragioni, tutte sbagliate (l'iscrizione di una mia compagna e la convinzione che quel percorso mi avrebbe offerto più occasioni professionali, fra le altre), presi la mia decisione: ragioneria.

In matematica ed economia ero una completa ciofeca. In compenso mi piacevano l'italiano e la storia, anche quella dell'arte. Ciò nonostante, fui irremovibile: ragioneria volevo e a ragioneria i miei genitori mi iscrissero.

Mi bastarono poche settimane per capire che avevo completamente toppato. Non c'era mezza materia che mi interessasse, per la frustrazione mia e dei professori. Andavo male, ma non male al punto da trovarmi faccia a faccia con il mio errore: riuscii comunque a tirare avanti e a passare l'anno, seppur con qualche debito.

La tragedia si consumò a partire dal secondo anno.

Prima di tutto, mi innamorai. Perdutamente e disperatamente, come accade a quell'età. Ero cotta di un compagno di scuola del quinto anno, un bello e impossibile che incontravo nei corridoi, rischiando di svenire ogni volta. Un giorno di un futuro nemmeno troppo lontano l'avrei prima conquistato e poi lasciato (una soap opera, in pratica), ma allora non potevo saperlo e passavo il mio tempo a struggermi. Durante le lezioni decoravo grandi scritte con il suo nome sul mio diario; a casa, invece di fare i compiti, pensavo a lui. Inutile dire che tutto questo certo non favoriva il mio apprendimento…

Per mia sfortuna, c'era anche altro. Man mano che i concetti si facevano più complessi, le ore dedicate alle discipline scientifiche divennero una tortura. I professori riempivano lavagne di formule, grafici ed equazioni, che per me erano misteriose come la posizione della tomba di Alessandro Magno per gli archeologi. Meno capivo, meno mi interessava capire, meno mi impegnavo.

In quell'occasione presi, senza saperlo, una seconda decisione (non meno importante dell'indirizzo scolastico): scelsi la via più semplice, il menefreghismo. Risultato: bocciata.

Imperterrita, a settembre mi ripresentai tra le mura di quell'istituto, per ripetere il secondo anno. Coincidenza (o forse no) cominciai a frequentare un gruppo di ragazzi che a scuola andavano come se non peggio di me e, insieme a loro, mi convinsi che non ero una cattiva studentessa, ma un'*outsider*, una che a essere incasellata dai voti non ci stava, una ribelle.

Risultato: bocciata di nuovo.

Non ripenso volentieri a quel periodo, avevo la sensazione di brancolare nel buio. Sapevo di frequentare una scuola che non mi piaceva, di non provare il benché minimo interesse verso quello che cercavano di insegnarmi. Ma sapevo anche di non aver nemmeno provato a migliorare le cose. Avrei potuto quanto meno tentare di decrittare il libro di matematica, alla peggio avrei potuto implorare l'aiuto dei miei genitori, ma non lo feci. Era come se stessi guardando il mondo dal fondo della mia caverna, maturando chissà perché la convinzione che sarebbe dovuto venire lui da me, non il contrario. A tutto quel malessere non rispondevo con alcuna azione, ma solo con la fuga. A scuola mi sentivo talmente in gabbia che a volte nemmeno ci andavo.

> “SIAMO NOI A DOVER ANDARE DAL MONDO E NEL MONDO: NON ARRIVEREMO DA NESSUNA PARTE ASPETTANDOCI CHE SIA LUI A RAGGIUNGERCI SUL FONDO DELLA NOSTRA CAVERNA!”

Realizzai la gravità di quel mio comportamento quando vidi mia madre piangere con la testa tra le mani, in bagno, seduta sul bordo della vasca. Era capitato che mi sgridasse al ritorno dai colloqui con gli insegnanti o quando ero stata costretta a mostrarle i miei voti, però quella volta fu diverso: che l'avessi delusa era evidente, ma intuii che il suo sconforto derivava anche dal sentirsi impotente, dal non sapere più come aiutarmi.

Che avessi bisogno d'aiuto, infatti, era chiaro a tutte le persone che mi volevano bene, tranne a me. Forse perché in quel momento non mi volevo così bene. Chiusa nella mia corazza da bambina stupida, che credevo impermeabile, mi sentivo invincibile. Per questo non compresi subito la portata di quello che i miei genitori fecero per me in quel momento.

Come spesso succede, la mia vita cambiò tutta insieme.

A settembre mi ritrovai iscritta a una scuola privata, dalla quale sarei uscita alla pari con i miei coetanei. Pur avendo davanti agli occhi i sacrifici che i miei genitori facevano per potersi permettere di farmi frequentare questo istituto, impiegai ancora qualche tempo per capire esattamente che cosa era successo. Ovvero che non solo li avevo delusi, ma stavo compromettendo il mio stesso futuro. Mentre loro, al contrario, erano talmente convinti che in me ci fosse del buono – un talento ancora da scoprire, una capacità da valorizzare, un'attitudine da indirizzare – da essere disposti a spendersi in ogni modo affinché io non solo non deragliassi, ma trovassi la mia strada. Non una sulla quale avrei potuto avanzare tranquilla, ma la mia. Costasse quel che costasse.

Ecco, per tornare all'inizio di questo capitolo, se mi guardo dentro con onestà – se mi guardo allo specchio – non lo so se sarei in grado di essere pazzesca con una figlia ribelle alla mia maniera come i miei genitori sono stati con me. Perché la verità è che loro in quel momento mi hanno salvato da me stessa: facendomi cambiare scuola, ma soprattutto con il potere della loro fiducia.

IV

Ero nel pieno del mio personale buio quando mia madre si imbatté in una pagina pubblicitaria sul «Giornale di Vicenza», dedicata a un concorso di bellezza: Miss Provincia di Vicenza.

Senza dirmi niente, compilò il tagliando e lo spedì. Dopo un paio di giorni ricevette una chiamata dagli organizzatori del concorso: volevano confermare la mia partecipazione, cosa che lei si affrettò a fare. Ho iniziato così: grazie a una mamma con uno sguardo più ampio e profondo del mio, e a un papà che l'ha sempre sostenuta.

Ricordo perfettamente quando, la sera, mi dissero: «Pao, ti abbiamo iscritto a questo concorso. Secondo noi dovresti avere il coraggio di provarci, però se non vuoi oppure non te la senti sappi che va bene lo stesso, non importa. Volevamo solo sapessi che c'è questa possibilità: se ti interessa, ti accompagniamo».

Non ero entusiasta. Avrei preferito che me lo chiedessero, avrei preferito evitare di sfilare (non l'avevo mai fatto) e di misurarmi con altre ragazze su un terreno, quello dell'aspetto fisico, che avevo sì riconquistato ma che continuava ad avere qualche zona scivolosa. Ma mia madre era così felice, così entusiasta, così certa che quello sarebbe stato per me un trampolino di lancio, il primo passo verso un futuro luminoso, che deluderla ancora mi sembrava un'opzione terribile. E dissi di sì.

Quando qualcuno le chiede che persona sono, prima di formulare una risposta estesa mia madre anticipa sempre lo stesso aggettivo: «Eh, è tosta». La "tostaggine", che potremmo definire come un misto di determinazione e passione, secondo lei è la mia marcia in più. Non credo, per la verità, di avere nulla in più degli altri, ma nel tempo sono diventata consapevole che questa è una delle mie marce, quella che mi ha portato finora a realizzare i miei obiettivi. Lei l'aveva vista prima di me, e prima di me aveva intuito che avrei potuto indirizzarla in uno specifico campo: l'intrattenimento.

Sui palchi fino ad allora ero salita solo per i saggi di danza, lo spettacolo della scuola e poche altre occasioni, in cui non ero riuscita a ricavarmi un mio spazio. Ciò nonostante mia madre immaginava che sarei stata capace di trasferire su larga scala quello che mi riusciva in piccoli gruppi: farmi volere bene, creare un'energia positiva che contagiava chi mi stava intorno. Per questo mi ha iscritto a un concorso di bellezza: non perché vincessi una fascia o fossi riconosciuta come "più bella" delle altre ragazze, ma perché potessi intravedere almeno il miraggio di quello che lei vedeva con chiarezza.

> "BUTTATEVI, RISCHIATE:
> SE L'ESPERIENZA VI PIACERÀ,
> BENE; ALTRIMENTI, POTRETE
> FARE MARCIA INDIETRO.
> MA ALMENO CI AVRETE PROVATO!"

Il concorso si teneva in un capannone alla periferia della città. Arrivai, scortata da mamma e papà. Aprii la porta (o meglio, il portone) e dentro c'era pochissima gente, tutta accalcata attorno a una passerella molto diversa da quelle che popolavano il mio immaginario di sedicenne. È stato il mio primo impatto con il dietro le quinte: il palco era semplicissimo, con cavi che correvano ovunque, la passerella aveva i fianchi scoperti e lasciava intravedere la struttura che la sorreggeva, i cartelli con i nomi e i loghi degli sponsor erano semplicissimi, l'area trucco e parrucco (dove io e le altre ragazze venivamo preparate) era separata dal resto dell'ambiente da una sottile e stretta paretina semovibile, che ovviamente non impediva agli sguardi di intercettarci prima che salissimo sul palco.

Ero terrorizzata ormai da giorni, ma quando mi guardai allo specchio una volta finito il lavoro della truccatrice e del parrucchiere mi venne da piangere. I capelli voluminosi, il rossetto rosso, lo smokey eyes più pesante della storia... Quella non ero io. Cominciai a chiedermi perché fossi lì. A posteriori, la diagnosi è facilissima: ansia da prestazione. Sul momento, però, volevo solo scappare. Tirarmi indietro.

Come avrete intuito, i miei genitori mi hanno sempre lasciata libera, anche di commettere i miei errori. Ma allora permettermi di mollare sarebbe stato come darla vinta alla paura di espormi. Alla stessa, irrazionale paura di non essere adeguata con la quale facevo a pugni da un po' di tempo. Potevano forse lasciarmi cedere? Mi dissero che ce l'avrei fatta, che sarei stata fantastica, che se avessi fatto pena non sarebbe successo niente, che sbagliare è inevitabile e fa parte della vita. Una carezza e una pacca sulla spalla, e mi spedirono sulla passerella.

Cominciai a camminare con le gambe che mi tremavano e le ginocchia che mi reggevano a stento. Al secondo passo i tacchi (14, con tanto di plateau) si rivelarono pericolosi attentatori della mia dignità: non volevo essere quella che inciampava e finiva la sfilata distesa per terra! Non so come, magia: riuscii ad arrivare fino in fondo alla passerella e, addirittura, a invertire la rotta e a tornare da dove ero venuta.

Mi classificai quarta, dietro diverse ragazze bellissime, altissime e filiformi. Di loro invidiavo più che altro il portamento: la nonchalance con cui appoggiavano i piedi a terra, la grazia con cui muovevano i fianchi, accompagnando il loro ondeggiare con le braccia.

A fine concorso, mentre ero occupata a fustigarmi per aver camminato con la stessa eleganza di un dinosauro, mi avvicinò una donna bionda. Si presentò: si chiamava Sara ed era la vice-direttrice di TVA Vicenza, una rete televisiva privata che trasmette nella mia città. «Ci piacerebbe farti un provino» mi disse, «se ti fa piacere provare ci organizziamo».

«Ne parlo con i miei genitori» le risposi. La ringraziai e ci salutammo.

«Vai!» disse mio padre, «Caspita!» disse mia madre quando raccontai loro di quella proposta e cominciai a elencare tutti i motivi per cui sarebbe stato meglio rifiutare l'invito di quella gentile signora.

«Pao, non sai nemmeno di cosa si tratta. Vale la pena approfondire, no? Li incontri, capisci cosa pensano che tu possa fare, poi decidi: se ti piace, bene; se non ti piace, dici di no. Però, almeno, hai provato. Il dubbio te lo sei tolta.»

Smontate nel giro di un minuto tutte le mie resistenze, il giorno dopo chiamai e presi un appuntamento a TVA. Passai il tempo che mi separava dal giorno X a decidere come vestirmi. Alla fine optai per un paio di fuseaux attillati, una canottierina, l'immancabile giubettino di jeans e un paio di scarpe con i tacchi (un dignitoso 12), che slanciano. Capelli piastrati, matita nera, mascara, un velo di blush e via.

Era la prima volta che entravo in uno studio televisivo: mi sembrò enorme, popolato da persone sorridenti e accoglienti. Un ambiente stupendo.

La vice-direttrice venne a recuperarmi mentre vagavo nello studio del telegiornale e mi portò in un'altra stanza. Mi posizionò di fronte a uno schermo verde e mi mise davanti una telecamera e un gobbo con un breve testo. «Prova a leggerlo» mi incitò. Notando che ero un po' titubante, aggiunse: «Tranquillamente, non devi preoccuparti. La telecamera ti registra, poi ti riguardiamo».

Ero agitatissima: leggevo e mi mancava il fiato. Appena lo ritrovavo, per recuperare parlavo velocissimo. L'occhio della telecamera mi metteva in soggezione. Avevo paura di sembrare stupida, incapace, più larga, più stretta, con la voce troppo acuta o troppo grave.

Il punto è che avevo paura di fallire perché, questa volta sì, senza nemmeno saperlo, ci tenevo. Ci tenevo tanto.

Sara cercava di incoraggiarmi: ogni volta che mi fermavo oppure inciampavo su qualche parola traditrice mi invitava a respirare a fondo e poi a ricominciare, più piano, senza fretta.

Al termine di questo primo test, la vice-direttrice mi chiese di immaginare di essere alla guida di un programma e di ricevere una telefonata da un ascoltatore, che mi poneva una specifica domanda. Purtroppo non la ricordo. «Come gli risponderesti?» mi chiese.

L'unica parte di questa prova che mi riuscì bene fu l'immaginarmi alla guida del programma, per il resto fui impacciata come non mai.

Me ne andai esaltata e sconfortata allo stesso tempo, portandomi a casa il mio primo "Ti faremo sapere".

Sara vide evidentemente qualcosa in me che avrebbe potuto prendere forma se ci avessimo lavorato, perché nel giro di pochissimo ricevetti una sua telefonata. «Se per te va bene potremmo farti un contrattino... Niente di che, 200 euro al mese: saresti la valletta di *Sportivamente Domenica.*»

Ancora andavo a scuola, e già avrei firmato un contratto! E per di più in televisione! Non mi sembrava neanche vero. Per le mie misere tasche di studentessa, 200 euro al mese erano una piccola fortuna con cui avrei potuto finanziare tutti i miei desideri: i prodotti di make-up più alla moda, i capi che fino al giorno prima mi limitavo a sognare... Mi pareva che il mondo fosse più a portata di mano.

D'altra parte, continuavo a essere piena di dubbi: la televisione mi piaceva, questo mi era chiaro, ma era quello che avrei voluto fare da grande? La paura non vi ha mai fatto pensare che un passo che state per fare è definitivo, anche se così non è? A me in quell'occasione è successo esattamente questo: ero felice, carica come una molla, ma una parte di me remava nella direzione contraria. Se non fosse stato per quei due pazientissimi angeli che sono i miei genitori, avrei potuto sabotarmi con le mie mani, ma non l'ho fatto. Mi hanno gentilmente sospinto sulla soglia del mio sogno con la stessa tecnica che già avevano utilizzato in passato: «Provaci. Se non ti piace te ne vai, e va bene lo stesso».

Mi hanno sempre convinto a fare le cose in questo modo, senza insistere quando qualcosa non mi piaceva e offrendomi una scappatoia quando qualcosa mi piaceva.

> "A volte la paura vi farà guardare al passo che state per fare come a qualcosa di definitivo, anche quando così non è. Cercate di metterla da parte, oppure una parte di voi remerà in direzione contraria e rischierete di autosabotarvi."

Firmai e la mia vita cominciò a piacermi molto di più.

Al mattino andavo alla nuova scuola (non davo il meglio ma, per così dire, almeno il meno peggio), all'una tornavo a casa, pranzavo, montavo in sella alla mia bicicletta e andavo alla sede di TVA Vicenza, vicinissima alla casa dove sono cresciuta. Quei dieci minuti di pedalata erano i più belli della giornata: era il momento in cui, da studentessa sfaticata, mi trasformavo in aspirante conduttrice televisiva, per poi entrare, con passo ogni giorno più deciso, nella mia sede di lavoro.

Subito il mio ruolo fu minimo, ma presto mi chiesero di condurre il meteo. Stavo davanti a un telone verde-azzurro e muovevo braccia e mani per illustrare l'andamento delle perturbazioni.

Giorno dopo giorno, l'intuizione che avevo avuto durante il mio provino si trasformò prima nel generico desiderio che mi sarebbe piaciuto "fare televisione", poi in un obiettivo. "Io voglio fare questo" realizzai un giorno. "Non mi immagino a fare nient'altro, mi piace questo. E voglio provarci."

Registrare mi dava gioia. Se finivo presto, rimanevo comunque agli studi tutto il pomeriggio, a osservare gli altri. Guardavo Sara condurre ed ero incantata dalla sua dialettica, dal suo stile deciso, dalla sua naturalezza di fronte alle telecamere. Mi era di grande ispirazione. Cercavo di assorbire tutto quello che potevo, di imparare tutti i trucchi del mestiere.

Dopo un paio d'anni il direttore mi convocò nel suo ufficio e mi offrì la mia prima co-conduzione: insieme a Cristel sarei stata al timone di *Diretta Biancorossa*, storica trasmissione della rete che segue in diretta le partite del Vicenza Calcio. Saremmo andate in onda nel fine settimana, con due ospiti fissi in studio.

E avrei avuto un aumento di stipendio: invece di 200 euro ne avrei guadagnati 400! Mentre pedalavo verso casa, impaziente di raccontare tutto ai miei, mi chiedevo che cosa avrei fatto con tutti quei soldi. Benché mio padre tentasse di insegnarmi l'arte del risparmio, il mio primissimo stipendio l'avevo dilapidato in profumeria. Mi pareva un episodio superato, avvenuto mille anni prima: con 400 euro al mese avrei raggiunto vette di ricchezza mai conosciute!

Ero super felice. Di calcio non sapevo nulla, ma sarei stata affiancata da esperti; in compenso di televisione qualcosina avevo imparato, e quella proposta lo confermava. Avrei avuto un ruolo di responsabilità in un programma seguito, che avrei dovuto co-condurre all'impronta, senza alcuna base autoriale. Nessuno, in altre parole, mi avrebbe spiegato prima che cosa dire e quando dirlo, ma avrei dovuto guardare le immagini di gioco e poi commentarle insieme agli ospiti, guidando la conversazione. Non è così semplice come possa sembrare.

Era il 2012 e sono stata così fortunata che quell'anno il Vicenza militò in serie B, guadagnandosi anche i play-off per la serie A: fu una grande annata. Più il programma andava bene, più la vice-direttrice e il direttore erano contenti, più io mi gasavo.

Quando vedevo accendersi la luce rossa della telecamera sentivo una scarica di adrenalina che non avevo mai provato per nient'altro. E che compresi di voler provare ancora, e ancora, e ancora.

V

Alle elementari immaginavo che un giorno sarei diventata un'archeologa intrepida come Lara Croft oppure una delle algide agenti della polizia scientifica che vedevo all'opera in *Csi Miami*. Se non fossi riuscita in nessuno dei miei piani A, il B era veterinaria, il C astronauta. Tutti lavori semplicissimi e per nulla distanti da quello che ho poi scoperto appassionarmi più di ogni altra cosa.

C'è chi si accende per la letteratura, chi adora risolvere gli enigmi della meccanica o dell'informatica, chi non può fare a meno della propria musica… io sono pazza per l'intrattenimento.

Quando viaggio in treno, per conto mio, guardo fuori dal finestrino, con le cuffie nelle orecchie. Mentre i vagoni scivolano sui binari osservo il paesaggio cambiare e lascio che la mente segua i suoi percorsi. Gira che ti rigira, a qualsiasi cosa cominci a pensare, alla fine mi ritrovo sempre nello stesso punto: la stellina argentata al centro di un grande palco, con una folla di pubblico davanti. Visto che il sogno è mio, non posso che esserne la protagonista: sono alla conduzione di un programma pazzesco, nuovo, fresco e giovane, che riesce a integrare audience televisiva e utenti dei social network. Mi piacerebbe da matti che le persone arrivassero a casa dopo il lavoro e potessero pensare: "Che bello, adesso mi rilasso una mezz'oretta davanti alla televisione e mi faccio due risate con la trasmissione della Di Benedetto". Questo programma ce l'ho in mente: non è una striscia comica fatta da comici, ma un format nuovo e (spero) intelligente, capace di portare un po' di leggerezza nelle case delle persone.

Sogno in grande? Certo che sì! Da quando ho capito di avere il pallino dello spettacolo mi faccio tanti di quei viaggi a occhi aperti, bellissimi, che a volte, quando il treno entra in stazione ed è ora di tornare nella realtà, un po' resto delusa.

Avere obiettivi grandi, ambiziosi, che immagino essere il massimo della realizzazione, per me è fondamentale. Se non li avessi, non riuscirei a indirizzare con efficacia le mie energie né credo che avrei superato, nel mio recente passato, gli ostacoli che ho incontrato lungo la strada.

“Avere obiettivi grandi, ambiziosi, è fondamentale. Se non li avessimo, non riusciremmo a indirizzare con efficacia le nostre energie.”

Se c'è una cosa che l'esperienza mi ha insegnato, però, è che simili obiettivi non si possono raggiungere a grandi falcate. Molto, ma molto meglio mettere tanti piccoli passi uno davanti all'altro: è una strategia che consente di fare più strada e massimizza le possibilità di arrivare al traguardo.

Potrete pensare che sono guardinga, ma istintivamente mi sono sempre mossa così. Alla tenera età di diciannove anni, infatti, conquistato il sospirato "pezzo di carta" e finalmente libera dalla scuola, mi sono detta che era ora di muovere un ulteriore piccolo passo verso i miei sogni.

Non ero più una studentessa: era ora di fare sul serio. O, almeno, di provare a trasformare il mio impegno pomeridiano o domenicale in un lavoro "da grande", con un orario più nutrito e uno stipendio più cospicuo.

Nulla accade per caso. Se avessi deciso di aspettare che la proposta che desideravo mi cascasse in testa dal cielo non avrei combinato nulla. Volevo cambiare la mia situazione, quindi dovevo agire. La mia mossa sarebbe stata chiedere al direttore di TVA Vicenza se la rete fosse disposta a offrirmi un lavoro più strutturato di quello che già avevo.

> “IL CAMBIAMENTO PRESUPPONE UN'AZIONE:
> SE VOGLIAMO CAMBIARE
> LA NOSTRA SITUAZIONE,
> DOBBIAMO AGIRE.”

Stabilito il piano, non rimaneva che metterlo in pratica. Con l'aiuto di mio padre preparai il discorso da fare al direttore: volevo risultare convincente, mostrargli la grande opportunità che ero per la rete, non elemosinare ore di lavoro in più. Dopo mille prove e rifiniture, quando mi sentii pronta presi un appuntamento, il coraggio a due mani e mi presentai dal direttore.

Claudio, così si chiamava, mi ascoltò attentamente, ma non poteva purtroppo darmi la risposta che speravo. «Paola, per me sei in gambissima. Veramente» mi disse. «In questo momento però TVA non può pagare una persona in più. A budget ho per te questo stipendio, non posso permettermi di offrirti un'occupazione più ampia di quella che hai.»

Fino ad allora, ogni singola volta che avevo pedalato di ritorno verso casa ero stata felice. Quel giorno ero triste. Dispiaciuta. Delusa.

Capivo la posizione del direttore, figuriamoci: era l'uomo che, insieme a Sara, prima di tutti mi aveva dato una possibilità e aveva creduto in me, quando nemmeno io lo facevo. Però, però... mi lasciava un'unica scelta: rimanere, alle stesse condizioni. Chissà per quanto. Era quello che volevo? Non ne ero sicura.

È vero, lavorare a TVA mi dava gioia, mi piaceva, ma volevo crescere, sentivo il bisogno di nuove opportunità. Avevo l'impressione che, accettando la situazione così com'era, non avrei fatto alcun passo avanti verso i miei sogni di gloria.

Era estate. Durante i caldi pomeriggi che passavo in giardino, all'ombra dello stesso pino sul quale mi arrampicavo da bambina, cominciò a maturare dentro di me l'idea che non dovevo accontentarmi. Non tanto per la magrezza dello stipendio (credo che guadagnare poco, a vent'anni, se si è nel campo che ci interessa, si possa considerare una sorta di investimento), quanto perché sentivo di volere di più: più adrenalina, più soddisfazione. Temevo che rimanendo in un ruolo che già conoscevo, e nel quale persone con molta più competenza di me mi ritenevano capace, avrei rischiato di veder sbiadire la mia passione, di "sedermi".

Decisi di licenziarmi. E fu così che mi trovai a scuola finita, senza lavoro e senza entrate, con un conto corrente più abbacchiato di me.

"E adesso?" mi chiesi. Per rispondere a questa domanda ho impiegato qualche tempo. Un tempo apparentemente vuoto, ma che ho scoperto essere, più tardi, fecondo di chiarezza.

Iscrivermi all'università, opzione che i miei genitori avrebbero sostenuto benché il mio percorso scolastico fosse stata una corsa a ostacoli, non mi pareva la migliore delle idee. Ero ancora scottata dall'averli spinti con il mio comportamento a iscrivermi in una scuola privata: non avrei sopportato di deluderli ancora. E per lo stesso motivo, per di più! Per carità, mi sarei iscritta all'università solo se fossi stata arci-sicura che era ciò che volevo. E in quel momento non lo ero affatto, perché il mo sogno era un altro.

Volevo continuare a perseguirlo. Provarci, almeno, finché ero in tempo. Giovane a sufficienza per fare gavetta e arrivare, un domani, a ricavarmi un mio spazio.

Può sembrare, da quanto ho appena scritto, che io abbia passato un paio di settimane a casa a meditare in giardino e, al termine di questo periodo, mi sia come risvegliata con nuove consapevolezze.

Temo che non sia andata esattamente così, la realtà è sempre più brutta di come la raccontiamo. Quanto meno, un po' diversa.

Mio padre e mia madre si alzavano al mattino tra le 6:30 e le 7, facevano colazione e uscivano per andare a lavorare, tornando chi per pranzo, per poi uscire di nuovo, chi direttamente la sera. Stanchi entrambi, pensavano loro a tutto: facevano la spesa, cucinavano, rassettavano, pulivano, cambiavano lampadine e telefonavano all'antennista se i canali TV non si vedevano correttamente. Io non ero il Buddha sereno e tranquillo che si potrebbe immaginare, ma una sorta di larva che si trascinava dal letto al divano, dal divano al giardino e ritorno. Immobile fuori, tempestosa dentro: non ero abituata a non fare niente. Mi sentivo vuota, insoddisfatta, inutile. Nonostante avessi vent'anni (e, dunque, come si dice, "tutto il tempo del mondo"), avevo fretta. Ho sempre odiato restare con le mani in mano e in quel momento mi sembrava di perdere tempo.

La mia inerzia era motivo di litigio quotidiano con mia madre. «Lavoro tutto il giorno, torno a casa stanchissima... Potresti darmi una mano, no?» protestava lei. Ma io non riuscivo a ribattere se non bofonchiando che non ce la facevo.

Ora, non sono mai stata una fan dei lavori domestici: tuttora casa mia è un caos totale. Al ritorno dalle vacanze sono capace di lasciare le valigie aperte in soggiorno per giorni, e i vestiti che tiro fuori man mano finiscono sparsi ovunque, sul tappeto, sul divano, per terra. È più forte di me. Ciò non toglie che in quel momento avrei dovuto alzarmi e aiutare i miei: è evidente. Ma è anche vero che proprio non riuscivo a fare diversamente da come ho fatto: mi sentivo così sconfitta che l'immobilità mi pareva l'opzione meno rischiosa. Così me ne stavo ferma a pensare.

Finché tutte quelle riflessioni non si sono tramutate in un'azione.

Ho preso il computer, ho aperto Google e ho digitato "agenzie+Milano+televisione".

Sapevo che gli studi televisivi nazionali sono a Milano oppure a Roma, ma non mi sentivo pronta per tentare fortuna così distante dalla mia casa e dalla mia famiglia, quindi mi buttai sul capoluogo lombardo. In sessantatré secondi mi apparvero più di ventisei milioni di risultati.

Cominciai a scorrerli, cliccando sui link che mi sembravano più interessanti e adatti al mio caso e selezionando le agenzie. Tante erano agenzie di modelle, ma non le scartai. Dai tempi di Miss Provincia di Vicenza avevo migliorato il mio portamento da dinosauro e partecipato a diversi altri concorsi, molti li avevo persino vinti: si può dire che come modella avessi un minimo di curriculum, quindi ero coerente con quel ruolo.

Mandai non so più quante e-mail, allegando il mio CV e il mio portfolio, e una ventina di agenzie mi diedero riscontro positivo. Concentrai più appuntamenti possibili nella stessa giornata e cominciai a organizzare la trasferta.

Chiesi ai miei genitori di accompagnarmi ma entrambi quel giorno avrebbero dovuto lavorare. In mio soccorso venne Pierangelo, un amico carissimo al quale voglio un bene dell'anima e che per certi versi è uno degli artefici del mio successo – se di successo si può parlare.

Quando ci siamo conosciuti, Pier lavorava come barista in una discoteca che frequentavo. Di giorno faceva il fotografo. Sapendo che avevo partecipato ad alcuni concorsi di bellezza e che lavoravo in televisione, una sera mi aveva proposto di fare qualche foto con lui. Dissi subito di sì: che fosse bravo era cosa nota. Che fosse una persona speciale, invece, lo scoprii nel tempo.

Il mio primo shooting, quindi, lo realizzai con lui. Erano foto spontanee, semplici. Pier mi fotografò per le strade della nostra città, davanti ai portoni, agli scorci più urbani possibili, con quello che voleva essere un look super aggressivo da guerrigliera metropolitana: anfibi, giacca in ecopelle, smokey eyes pazzesco. Mentre scattavamo non avevo idea di quanto mi sarebbero tornate utili in futuro: il mio portfolio, in effetti, era tutto lì. Erano le uniche immagini che avevo, quindi le uniche che spedii alle agenzie.

Da sola non ero mai nemmeno uscita da Vicenza: l'idea di affrontare per conto mio una simile giornata campale mi preoccupava tantissimo. Fu allora che Pier si offrì gentilmente di accompagnarmi in macchina. Ovviamente, accettai.

Per chi non fosse pratico della città, è necessaria una precisazione. Il centro di Milano è bellissimo da girare a piedi, ma è impensabile pretendere di rispettare una scaletta di appuntamenti muovendosi in automobile. Le auto hanno la spiacevole caratteristica di non restringersi, quindi vanno parcheggiate: Milano è tempestata di parcheggi, che però sono pieni. Quelli che non lo sono, non erano allora alla portata delle mie tasche. Non avevo il becco di un quattrino. Né volevo chiedere soldi ai miei. Mio padre la mattina della partenza si impietosì e mi allungò cinquanta euro per pagarmi gli spostamenti: dato che Pier e io riuscimmo a parcheggiare ai margini della città in leggero ritardo sulla tabella di marcia, li bruciai tutti per il taxi che ci avrebbe portato alla prima agenzia.

Usciti da lì, eravamo letteralmente al verde. Allora, benedicendo Google Maps e chi l'ha inventato, ci spostammo a piedi tra un'agenzia e l'altra. All'ultimo appuntamento mi presentai sudata come dopo una session di cross-fit, con il trucco colato, le vesciche ai piedi e una irrefrenabile voglia di piangere. Un po' perché mi sentivo impresentabile, un po' per la stanchezza, un po' perché l'esperienza non era stata particolarmente gratificante.

La stragrande maggioranza delle modelle che avevo visto transitare per le agenzie erano straniere, bionde alte una volta e mezza me, sottili come spaghetti.

Un agente mi spiegò: «I nostri clienti preferiscono lavorare con le modelle straniere, perché le italiane hanno la nomea di lamentarsi di più. Possiamo fare così: ti cambiamo il nome».

«In che senso?» Non riuscivo a capire.

«Sì, ti chiameremo… vediamo… Paula Covecek, per esempio.»

Scoppiai a ridere: immaginavo il momento in cui il cliente che aveva arruolato Paula Covacek avrebbe visto arrivare me, con l'accento veneto… figurone! Potevo pensare di fare carriera partendo da una bugia? E poi, volevo cambiare il mio nome? Certo che no: lavoro o no, sono nata Paola Di Benedetto e voglio morire così.

La mia nazionalità non era l'unico problema: la maggior parte delle agenzie si mostrò interessata e disponibile a provare a piazzarmi, ma avrei dovuto offrire una disponibilità di tempo praticamente totale. Scoprii che la vita della modella esordiente funziona così: si spasima nell'attesa di un messaggio dell'agenzia che avvisa della possibilità di un casting; a quel punto ci si precipita al suddetto casting, cui partecipano centinaia di ragazze; se il cliente ti sceglie, bene, il lavoro è tuo; se non ti sceglie, torni a casa e ricominci ad aspettare. Non che avessi nulla di meglio da fare, ma per riuscire ad avere una qualche minima possibilità avrei dovuto trasferirmi a Milano, e non potevo permettermelo.

La sera feci ritorno a casa con la testa bassa e la schiena un po' curva. Ero depressissima. A cena fissavo il piatto senza avere la forza di sollevare gli occhi e guardare i miei genitori. Mi sembrava di aver fallito su tutta la linea e in quel momento non mi sentivo pronta per affrontare la realtà. Ovvero che avrei forse fatto meglio a rimanere dov'ero, a TVA Vicenza, alle condizioni di certo migliori del nulla che avevo davanti.

Pungolata dalle domande dei miei genitori finii per cantare. Mamma e papà mi consolarono, ma in un modo che mi piacque, concreto: «A parte il fatto che non possiamo permetterci di pagare un affitto a Milano, Pao, pensaci un attimo: queste ragazze vivono sballottate da un casting all'altro, sempre sospese tra la speranza e il fallimento, convivono in metà di mille nello stesso appartamento... Non è una vita facilissima, non credi?»

Non credevo, no. Proprio per questo cambiai approccio.

Ho la tendenza a vedere il bicchiere sempre mezzo pieno: se qualcosa non accade, è perché deve accadere altro.

> “VEDO SEMPRE IL BICCHIERE MEZZO PIENO: SE QUALCOSA NON ACCADE, È PERCHÉ ALTRO DEVE ACCADERE.”

In quel caso, non dovevo darmi per vinta, ma affinare la ricerca. In fondo, io non volevo fare la modella, io volevo fare TV. Non sarei stata nemmeno adatta per calcare le passerelle di Dior o di Versace: non ho il fisico filiforme che la moda esige al giorno d'oggi, sono formosa, alta ma non altissima...

Un giorno Pier se ne uscì con una super notizia: «Pao, ho scoperto che a Milano esiste un'agenzia che si occupa solo di spettacolo, prova a prendere un appuntamento».

La cercai immediatamente in rete e spedii la mia e-mail standard con CV e portfolio. Ottenni un colloquio e tornai a Milano. Questa volta da sola.

In treno mi sentivo carica come Rocky mentre si prepara all'incontro con Ivan Drago, ma tutta questa energia positiva si dissolse appena misi i piedi sui binari della stazione di Milano: non avevo idea di quale direzione prendere. Giù per le scale di fronte a me? O erano meglio le scale mobili? E quali: quelle a destra o a sinistra? Sprovveduta alla stessa maniera di Totò, ma senza il suo senso dell'umorismo, rinunciai a capire dove si prendeva e come funzionava la metropolitana e cominciai a cercare i taxi. Fuori dalle stazioni è sempre pieno di taxi, no? Anche a Milano era così, solo che era anche pieno di gente che voleva salirci. Il tempo passava, il rischio di arrivare in ritardo cresceva a ogni secondo, insieme al mio panico: presa dalla disperazione, mentre facevo la fila tra un signore con abito firmato e ventiquattrore e una coppia di americani con un'enorme valigia al seguito, presi a telefonare ai numeri che vedevo impressi sulle fiancate dei taxi, nella speranza che nel giro di due o tre minuti si materializzasse lì davanti una macchina solo per me. Peccato che, alla domanda del call center "Dove si trova?", non sapessi rispondere con esattezza. Ero in piazza Quattro novembre o Luigi di Savoia? Chi ne aveva idea…

Mentre mi lambiccavo sul modo migliore per riuscire a rispondere alla signorina in attesa, finalmente la fila si sbloccò e riuscii a impossessarmi di una macchina, che mi portò rapidamente in agenzia.

Avete visto *Il diavolo veste Prada*? Quando incontrai Carlotta, l'assistente della titolare, oggi una mia cara amica, mi sentii più o meno come Andrea Sachs quando varca per la prima volta le porte di «Runway». Carlotta mi fece poche domande (o forse poche parvero a me, che mi aspettavo chissà che cosa) e reagì con elegante distacco alla mia euforica presentazione: «Sono Paola Di Benedetto, piacere! Ho preso un appuntamento per un colloquio. Ti racconto le mie esperienze, anzi, la mia esperienza, perché ne ho una». Imbarazzo. «Dicevo, ho lavorato per tre anni a TVA Vicenza, prima facevo la valletta, poi ho fatto il meteo, poi ho condotto due programmi... Sì, insomma, ecco, il mio sogno è lavorare in televisione.»

Carlotta mi consegnò un foglio da compilare con dati anagrafici, numero di telefono e poche altre informazioni. Quando finii lo prese, lo guardò rapidamente per vedere se avessi riempito tutti i campi e lo appoggiò su una pila alta due spanne di altri fogli identici.

"Quante possibilità ci sono che qualcuno scelga proprio me?" mi domandai. "Da qua ne saranno passate almeno diecimila prima di me, impossibile che proprio io venga notata."

E invece...

VI

Sospetto che la mia prof di inglese lo facesse apposta, prima delle interrogazioni a sorpresa, a far scorrere con un certo sadismo il dito sul registro prima di fermarsi invariabilmente su "Di Benedetto!". Mi faceva impazzire.

Pensavo di aver cancellato questo bellissimo ricordo della mia vita fino a che, dopo la vittoria del *Grande Fratello* VIP, mi sono ritrovata tra le mani una lettera di un mio compagno di classe. Mi aveva scritto per complimentarsi del mio percorso e, a proposito, citava la frase che la professoressa di inglese mi diceva ogni volta che, di malavoglia, uscivo dal banco e mi trascinavo verso la cattedra: «Di Benedetto, ma cosa pensi, che da grande farai strada e lavorerai in televisione?».

Per carità, non ho "fatto strada", preferisco pensare che la strada sia ancora lunga. Però, finalmente posso dire: sì, prof, da grande lavorerò anche in televisione!

È successo che un giorno Roberto Cenci, il regista, tra tutti i fogli della pila (e chissà quanti altri), abbia scelto proprio il mio.

Era pomeriggio inoltrato quando ricevetti una telefonata: «Ciao, sono Maria Pia, la casting director di *Ciao Darwin*, della SDL. Vorremmo avere te nei panni di Madre Natura. Sarebbe per la prossima puntata. Ti organizzeremo il viaggio a Roma. Dovrai fermarti una notte, le registrazioni sono lunghe… Ti va?»

Breve silenzio imbarazzato, durante il quale il mio cervello riuscì a processare una risposta: «Ok, sì, certo, sono felicissima».

«Ok, ottimo, ci vediamo.»

Ho appoggiato il telefono e cominciato a urlare: «Papààà, mammaaa!!! Mi hanno preso a *Ciao Darwin*!».

I miei sono rimasti interdetti. Non ci credevano. «Ma chi ti ha chiamato? Sei sicura che non sia uno scherzo?»

«No, no, è vero! Sarò Madre Natura!»

Insomma, Roberto Cenci aveva scelto proprio me come prima Madre Natura italiana di quella edizione. Sapevo che non era l'occasione che mi avrebbe risolto la vita, però era una partenza. E che partenza! All'improvviso avevo avuto la mia prima, vera, possibilità. Su una rete nazionale. In un programma seguitissimo.

Condotto da professionisti straordinari. Ero così esaltata che mi sembrava di volare.

Nella mia inesperienza, la sera prima di scendere una scalinata in prima serata praticamente nuda mangiai un piattone di pasta al pomodoro... Sono trascorsi solo cinque anni, ma mi sembra sia passato un secolo, quanto a consapevolezza alimentare.

La mattina dopo, alle 6, salii sul Frecciarossa che mi avrebbe portato a Roma.

Ero stata nella capitale due volte: una in gita scolastica, l'altra con gli scout. Era maggio inoltrato quando, con la classe, avevamo visitato forzatamente le meraviglie di Roma al seguito di due professoresse indomite, che resistevano con ogni mezzo alla nostra svogliatezza. Ricordo il caldo opprimente, l'interesse tutto rivolto all'estate che stava esplodendo. Con gli scout invece ero stata in Vaticano, ad assistere a un Angelus di Papa Benedetto XVI. In entrambe queste occasioni eravamo arrivati in treno e poi avevamo affrontato una combinazione di metropolitana e autobus che aveva richiesto svariate mezzore di riflessione a chi ci accompagnava.

Quella volta faticai a credere ai miei occhi quando, all'uscita della stazione, vidi un autista con un cartello, "Paola Di Benedetto", in piedi di fianco a una lunghissima Mercedes nera. Mi prese il bagaglio e mi aprì la portiera, nella quale mi infilai cercando di simulare una certa consuetudine con simili gesti. Mentre l'auto scorreva silenziosa nel traffico, non potevo non stupirmi: "L'anno scorso ero qui con i miei compagni di classe, adesso sono con un autista che mi sta accompagnando in uno studio televisivo. È un film!" pensò la Pretty Woman che è in me mentre fuori dal finestrino sbirciava il cielo tra le arcate del Colosseo.

Dopo un tempo che mi parve lunghissimo, l'autista mi scaricò di fronte agli studi Titanius Elios, a Settecamini, una frazione di Roma. Come varcai la porta dello Studio 1, venni prelevata e condotta in sartoria, dove una mezza dozzina di espertissime sarte mi fecero spogliare e mi issarono su un paio di tacchi estremi, dopodiché cominciarono a rotearmi intorno come le fatine de *La Bella Addormentata nel Bosco*, cucendomi addosso l'impalpabile abito che avrei indossato la sera. Era una splendida tela color carne coperta di petali: un niente, in sostanza, leggerissimo ed etereo, ma fatto su misura a tempo di record. Terminata la prova, passai in sala trucco, dove la truccatrice si prese cura di me regalandomi l'incarnato più splendente e omogeneo che avessi mai visto. Mentre il parrucchiere mi montava chilometri di extension e mi fissava sul capo una coroncina di fiori, non sapevo se agitarmi di più per quello che sapevo sarebbe successo nelle prossime ore o per le persone che passavano di lì e si presentavano:

Roberto Cenci, Sonia Bruganelli... Dicevo: «Ciao, piacere», cercando di mascherare l'ansia e di sembrare più navigata di quanto in realtà fossi, fallendo miseramente. D'altra parte, lo Studio 1 per loro era casa, per me era un sogno.

Finalmente pronta, entrai nello studio vero e proprio per le prove.

"Ma dove sono?! Su Marte?" pensai. Ero già entrata in uno studio televisivo, ma nulla di queste dimensioni. Lo spazio era grande ma, più che altro, iper-tecnologico: ovunque c'erano sostegni per telecamere e luci, luci dappertutto.

Quando vidi arrivare Paolo Bonolis e Luca Laurenti rischiai lo svenimento ma, da aspirante professionista qual ero, mi trattenni e gli strinsi la mano. Loro due furono incredibili: la mia tensione doveva essere evidente e mi aiutarono a scioglierla facendomi ridere con un paio di battute.

A un certo punto il regista decise che era arrivato il mio turno e mi spedì dietro la scalinata, per provare una discesa. Non vorrei farla sembrare più drammatica di quella che è, ma scendere quei gradini trasparenti senza tenere gli occhi piantati a terra, cercando di individuare il punto in cui uno finisce e l'altro inizia non è proprio semplicissimo. Come se non bastasse, tutti i riflettori sono puntati su Madre Natura, e non è un eufemismo: la luce è accecante, non si vede nulla, nemmeno il pubblico – e sì che si tratta di un sacco di persone, un bell'ingombro visivo... Parte la musica, un ritmo a pallettoni a volume altissimo: ricordo di aver provato l'entrata mille volte per cercare di azzeccare le tempistiche. Madre Natura deve trovarsi nel punto più alto della scala quando la musica è al suo apice, e solo poi cominciare a scendere, impassibile, angelica, superiore a tutto ciò che la circonda. Finite le prove, le sarte procedettero con la vestizione e nel giro di pochissimo mi ritrovai dietro la scalinata insieme a Paolo Bonolis, che teneva le braccia dietro la schiena e ondeggiava avanti e indietro, sollevandosi prima sulle punte dei piedi e poi sui talloni, ripetendo mentalmente il copione. Lo guardavo senza dire una parola, con la coda dell'occhio, pensando: "Che figo, lui sta per condurre un programma che vedrà mezza Italia... Voglio farlo anch'io!"

Partì la sigla, Paolo fece il suo ingresso, il cuore cominciò a battermi alla velocità della musica sulla quale sarei apparsa (cioè velocissimissimo). Stava arrivando il mio momento: «Prima che tutto cominci, facciamo fare il suo ingresso a Madre Natura!».

Mal di pancia terribile, lo ignorai e tirai dritto. Appoggiai i piedi sui gradini uno dopo l'altro e, con le caviglie che mi reggevano a stento, riuscii ad arrivare in cima alla scala. Luce, fumo negli occhi, musica, musica, musica, inspirai, espirai e scesi meglio che potevo, un po' tremando, un po' tranquillizzandomi e, alla fine, accennando persino un sorriso. Poi tornai indietro e mi sedetti sul mio sgabello.

Le registrazioni furono lunghissime, arrivai in albergo a notte inoltrata, ben dopo le 2.

Mi sentivo come Gabriella Montez subito dopo l'ultima nota di *Breaking Free*. Ero riuscita a mettere piede in uno studio televisivo di un'emittente nazionale, a vedere come lavoravano professionisti del calibro di Paolo Bonolis e Roberto Cenci, a osservare i meccanismi e le innumerevoli maestranze che permettono di mandare in onda uno show da prima serata, curato in ogni dettaglio e complesso come *Ciao Darwin*. Ovunque era un brulicare di operatori, autori, sarte, truccatrici, parrucchieri, tecnici delle luci, del suono, del video… se prima da tutto questo ero affascinata, in quel momento potevo dirmi innamorata persa della televisione e di tutto ciò che accade dietro le quinte.

Il giorno dopo feci il percorso al contrario: davanti all'albergo trovai ad attendermi l'autista con la Mercedes, che mi accompagnò a Roma Termini, dove presi un treno che mi portò a Vicenza. Fuori dalla stazione vidi mio padre, appoggiato alla portiera della macchina come James Dean in una delle sue foto più famose. Gli volai al collo con un sorriso da orecchio a orecchio: non vedevo l'ora di raccontare a lui e alla mamma tutto per filo e per segno.

La sera in cui *Ciao Darwin* andò in onda fu una delle più assurde della mia vita.

Mi piazzai davanti alla televisione con tutta la famiglia, in larghissimo anticipo sull'orario della messa in onda, per uno dei nostri tradizionali hamburger party, con patatine fritte a go-go. Ospite speciale: io, finalmente in onda. Solo quando mi vidi scendere dalla scala sullo schermo della TV di casa realizzai che era vero, che stavo entrando nelle case di non so quanti italiani. Tanti, tantissimi, più di quelli che avrei mai potuto immaginare, a giudicare dalla fibrillazione del mio smartphone, reso inutilizzabile dalla quantità inconcepibile di messaggi e di notifiche. Era come impazzito: continuava a trillare. Plin, notifica. Plin, notifica. Plin, notifica. Senza soluzione di continuità. Riuscii a utilizzarlo solo dopo parecchie ore, quando il ritmo delle notifiche cominciò a calare e mi permise di sbloccare lo schermo e di cominciare a capire che cosa fosse successo.

Avevo ricevuto centinaia di messaggi stupiti da quell'exploit da parte delle persone che mi conoscevano, ma la tempesta di notifiche era dovuta a Instagram e a Facebook. I miei profili erano letteralmente esplosi. Per fare un esempio, il profilo Instagram, @paodb, fino a quel momento era seguito da circa quindicimila follower, raggranellati grazie alle mie apparizioni televisive su TVA Vicenza. Mai avrei pensato che mi sarebbe bastato scendere una scala in prima serata per passare, in una notte, da quindicimila a centosessantamila follower. Più di dieci volte tanto. In più, numerose testate online e blog avevano scritto che quella sera, a scendere la scala, era stata la prima Madre Natura italiana, i social avevano ripescato questa notizia e l'avevano rilanciata non saprei quante volte. Moltissime, comunque: avevo ricevuto migliaia di commenti!

La sera, ero così agitata che faticavo a prendere sonno. Mi girai sul fianco destro: «Gio, dormi?».

«Sì, Pao, però dimmi» mi rispose Giovanni con la voce impastata di sonno.

Condivido la camera con mio fratello da sempre. Tuttora, quando torno a Vicenza, se c'è anche lui ci piazziamo nei lettini ai due angoli opposti della nostra stanza cinque metri per quattro, e spettegoliamo come due dodicenni.

«Gio, non è che pensano che sono stupida?»

«Chi dovrebbe pensare che sei stupida?»

«Eh, hai presente quell'idea che le belle ragazze siano un po' sciocche?»

«Quindi, mi stai dicendo che, siccome ti sei mostrata in bikini, chi ti ha visto in TV dovrebbe pensare che sei un'oca giuliva.»

«Esatto» confermai.

Mio fratello, che ha una mente più logica della mia, mi rincuorò: «Pao, non è che una cosa conduce automaticamente all'altra. E poi li hai letti i commenti sui social: erano complimenti, erano affettuosi, non insulti. Nessuno può ritenerti stupida, e vorrei ben vedere: non hai aperto bocca!».

Il ragionamento di mio fratello non faceva una piega. Eppure, proprio come quando mi ero licenziata e friggevo a ogni secondo che passava senza che avessi trovato una collocazione, anche allora non riuscivo a godermi del tutto il momento perché avevo fretta.

Avevo raggiunto un obiettivo, ma sentivo che era già venuto il tempo di muovere un altro passo in avanti. È vero che ero comparsa su una rete nazionale, ma non volevo essere solo una bella statuina. Volevo che il pubblico sapesse che ero in grado anche di articolare un pensiero, di mettere quattro parole in fila, di presentare un ospite, di fare una battuta. Mi sarebbe piaciuto avere modo di mostrare la mia personalità, ecco.

Non posso proprio dire che il mio corpo non mi abbia aiutato: se Madre Natura, appunto, mi avesse disegnata diversamente, con ogni probabilità in televisione sarei arrivata seguendo tutt'altro percorso. Ciò nonostante, non volevo basare la mia carriera sul mio fisico, perché la bellezza non basta, secondo me. Non credo sia una frase fatta, e nel mondo dei social questo è particolarmente evidente: di ragazze belle come e più di me ce ne sono a bizzeffe già oggi, figuriamoci domani quando io passerò dai venti, ai trenta, ai quaranta. Quante splendide ventenni ci saranno tra quindici anni, con le gambe più lunghe e il seno più sodo del mio?

> “La bellezza non basta: non è nulla senza passione, senza tenacia né determinazione.”

Dietro le carriere di tanti personaggi pubblici c'è molto più di quanto si creda, o si voglia credere. Nessuno deve una celebrità duratura alla sola fortuna o alla sola bellezza.

Gli unici fattori in grado di fare la differenza sono la personalità, il carisma e la determinazione. Se questi mancano, si può essere bellissimi, perfetti, delle opere d'arte viventi, e non arrivare da nessuna parte. Sempre secondo me, è chiaro.

VII

La mia famiglia è vicentina da quando i miei nonni paterni decisero di dirigersi a nord in cerca delle possibilità che non riuscivano a intravedere per sé e per i propri figli a Castronovo di Sicilia. Innamorati della loro terra, hanno imparato ad amare anche il Veneto e la sua gente, ricambiati: qui hanno trovato quella che per loro è una seconda patria, e che per me e mio fratello è invece casa, il luogo dove ci sentiamo sicuri al cento per cento, protetti, sereni.

Quando i nonni si sono trasferiti, i miei genitori erano giovanissimi e già fidanzati. Mio padre aveva appena terminato il servizio militare. Sulla carta, il loro piano era semplice: lui "sarebbe salito" per primo, al seguito della sua famiglia, avrebbe cercato una casa e un lavoro, e a quel punto lei l'avrebbe raggiunto. Iniziò per mio padre un periodo di "sali-scendi": a Vicenza visitava case su case, le fotografava, poi tornava a Castronovo e le mostrava a mia madre. Hanno scelto così, insieme, il loro primo appartamento in affitto.

Inutile dire che nella città nuova nessuno aveva contatti. Il nonno ricominciò da zero con la sua attività, commerciante. Aprì un'enorme bancarella, analoga a quella che aveva in Sicilia, e grazie a decenni di professionalità e alla sua capacità di comprendere i clienti riuscì a ricostruirsi.

I miei genitori hanno fatto di tutto: mia madre ha lavorato come baby-sitter, commessa in un ipermercato, barista, gelataia. Da ragazzina ha venduto i trucchi porta a porta. Appena arrivato a Vicenza mio padre ha fatto il magazziniere, da vent'anni lavora invece in una ditta di edilizia come responsabile dei sopralluoghi che vengono fatti prima di avviare i cantieri, mentre la mia mamma lavora in un'impresa che smista prodotti farmaceutici nelle farmacie di tutta Italia.

Si può proprio dire che si sono fatti da sé.

Da sé hanno costruito anche la casa. Nella nostra famiglia, se qualcuno ha bisogno gli altri gli si stringono intorno: quando i miei genitori hanno scelto l'immobile da comprare e hanno dovuto ristrutturarlo, mio padre ha potuto contare sull'aiuto del nonno Vito (il papà della mia mamma, che aveva fatto il muratore per tutta la vita) e di tutti gli zii. Insieme hanno praticamente rifatto la casa: hanno rinnovato i pavimenti, buttato giù muri, posato un marciapiede tutto intorno al perimetro dell'edificio e riorganizzato ogni centimetro di giardino... La prima volta che entrai lì dentro rimasi traumatizzata: avevo sei anni e non riuscivo a capire come fosse possibile che i miei genitori, tra tutte le case della città, volessero portarmi a vivere proprio in quella, che sapeva di naftalina, aveva un giardino pieno di erbacce ed era pervasa da una luce giallina. Sembrava infestata dai fantasmi. «Non ci verrò mai!» annunciai a mia madre. E lei mi rispose: «Non preoccuparti, con il tempo la sistemeremo. Sarà bellissima», perché già riusciva a vederla. Ha sempre avuto occhio per le case e gli arredi, mia madre, ha ottimo gusto. Infatti aveva ragione: è venuta benissimo ed è proprio, innegabilmente, la loro.

La storia e l'esempio dei miei genitori, insomma, per me sono fondamentali. Mi hanno insegnato che rimboccarsi le maniche non è un'opzione tra le tante: è essenziale. Indispensabile. Se non lo si fa, tutto ciò che otteniamo finisce per avere meno sapore.

Di questo mio fratello e io abbiamo fatto anche ampia esperienza: da ragazzina, se volevo andare in vacanza o togliermi qualche sfizio, dovevo guadagnarmelo lavorando.

> “NESSUN OBIETTIVO SI RAGGIUNGE PER MAGIA: OGNI RISULTATO SI RAGGIUNGE GIORNO DOPO GIORNO. PER QUESTO RIMBOCCARSI LE MANICHE NON È UN’OPZIONE TRA TANTE, MA È ESSENZIALE. È CIÒ CHE DÀ SAPORE ALLE COSE.”

Prima di cominciare a lavorare a TVA Vicenza, a giugno passavo dai banchi di scuola al bancone del bar Ai Dogi, che mia madre gestiva insieme a mio zio. Servivo piatti caldi e freddi a pranzo, nel resto della giornata facevo caffè, preparavo cappuccini e, all’ora dell’aperitivo, qualche drink. I primi tempi guardavo alla spigliatezza di mia madre come a un superpotere: mi vergognavo come una matta ad avere un rapporto diretto con i clienti. Avevo l’impressione che non sarei mai riuscita ad azzeccare il tempo di una battuta simpatica o a fare due chiacchiere con tranquillità con gli sconosciuti che avevo davanti. Nel tempo mi sono sciolta e, con me, il mio imbarazzo. A posteriori, è stata una bella scuola di improvvisazione e di autoironia.

Ho appreso così, grazie ai miei e a queste piccolissime prime esperienze, il senso dell’attesa. Che gli obiettivi si raggiungono giorno dopo giorno, non da un giorno all'altro, come per magia.

Credo sia proprio perché già sapevo questo che, dopo *Ciao Darwin*, non ho mollato e l'impazienza non è riuscita a spingermi a buttare tutto all'aria. Tra il 2016 e il 2017 ho presentato alcuni spettacoli nel vicentino, ho scattato numerosi shooting per marchi di moda, ma più che altro ho atteso che si presentasse l'occasione giusta per spiccare il volo e mostrare che avevo qualcosa da dire.

Un giorno, tramite la mia agenzia milanese, ho scoperto che *Colorado*, il programma comico dal vivo che va in onda su Italia 1, era in cerca di vallette. Forse, forse… avevo un buon feeling. D'altronde, il destino me lo doveva.

Nei mesi precedenti ero arrivata a un soffio da Paolo Ruffini, il conduttore. Avevo partecipato a un casting per uno spot: un celebre marchio alimentare cercava una ragazza da affiancare al loro testimonial. Ruffini, appunto. "È la mia prima vera occasione!" ripetevo senza sosta. "Mi assicuro la parte, la pubblicità va in onda e le case di produzione televisive si accorgono di me. Vuoi che uno spot di questo calibro non mi apra le porte di, che so, Canale 5? Italia 1? È fatta!" Andai al casting agghindata come se la parte fosse già mia, ballai, mi divertii, e poi niente: il marchio scelse una ragazza spagnola. Per giorni non feci che chiedermi perché un brand italiano avesse voluto una spagnola per interpretare un'italiana doc, quando avevano a disposizione me, che per la parte mi ritenevo perfetta. Rosicavo, insomma. E, a forza di rosicare, avevo perso un po' di mordente. Poi, per fortuna, mi passò. Non mi piace fissarmi sulle cose negative: se, per un qualche motivo, mi accorgo di non riuscire ad andare avanti con naturalezza, mi impongo di farlo. Rimanere ancorati agli episodi negativi del passato impedisce di vivere il bello del presente e di immaginare un futuro più luminoso: c'è forse qualcosa che valga il perdersi tutto questo?

Mi ricordai di quella delusione quando presi il treno la mattina presto da Vicenza per andare ai casting di *Colorado*. Quella volta, mi presentai all'indirizzo dove si sarebbe tenuto il casting in orario perfetto. Entrai e vidi una fila chilometrica di ragazze che aspettavano di poter compilare una scheda con le loro generalità e alcune informazioni di base. La commissione ci avrebbe poi convocate a piccoli gruppi.

"Ok, sarà una giornata veramente lunga..." pensai. Dopo un tempo infinito compilai la mia scheda, la consegnai all'addetta dietro la scrivania e ricevetti in cambio un adesivo con un numero da appiccicarmi sui vestiti: ho una tale avversione per i numeri che non lo ricordo esattamente, ma era di certo superiore al settanta. Significa che, prima di me, c'erano almeno settanta ragazze speranzose di venire selezionate, e da quanto potevo vedere almeno altrettante ce n'erano alle mie spalle. Per di più, il casting sarebbe durato diversi giorni, il che significava altre centinaia di ragazze.

> "RIMANERE ANCORATI AGLI EPISODI NEGATIVI DEL PASSATO IMPEDISCE DI VIVERE IL BELLO DEL PRESENTE E DI IMMAGINARE UN FUTURO PIÙ LUMINOSO: C'È FORSE QUALCOSA CHE VALGA IL PERDERSI TUTTO QUESTO?"

Dopo un po' venni chiamata insieme a un mare di colleghe aspiranti vallette in uno stanzone dove due volenterosi coreografi cercarono di insegnarci una breve sequenza di ballo. La scena era talmente esilarante che ridevo a crepapelle per conto mio, non conoscendo nessuno: decine e decine di ragazze pressate davanti allo specchio che tentavano di seguire i movimenti di due persone che riuscivano a stento a vedere…

I casting veri e propri si tenevano in una stanza attigua a questa, dove venivamo convocate a gruppi di cinque. Data la coda, prima di entrare riuscii a imparare la coreografia perfettamente. O almeno così credevo. Tutta la mia sicurezza svanì nell'istante in cui varcai la porta della sospirata stanza attigua e mi trovai di fronte a un lungo tavolo pericolosamente somigliante a quello dei miei professori della maturità, e alla commissione: Paolo Ruffini, il conduttore, i coreografi che avevo già intravisto e due autori. Qualcuno fece partire la musica e le altre cominciarono a ballare. Io rimasi un paio di secondi imbambolata per l'agitazione, poi cercai di recuperare il tempo perduto, ma ormai la frittata era fatta. Non azzeccai mezzo passo ma quanto meno, invece di disperarmi, mi misi a ridere e, quando fu il mio turno di dire due parole, mi presi in giro per aver mandato tutto a rotoli. Risposi a qualche altra domanda e me ne tornai da dove ero venuta, nonostante tutto fiduciosa del fatto che avrei potuto essere tra le ragazze selezionate. Qualcosa nelle domande della commissione e nei loro sguardi mi lasciava sperare, e decisi che mi sarei goduta almeno questa impressione passeggera.

Qualche giorno dopo, la conferma: la mia sensazione era motivata, mi avevano presa.

Rare volte mi è capitato di provare gioia pura, solo quella: molto, ma molto più spesso, la gioia per un bel risultato, per un bacio, per qualcosa di bello capitato a una persona alla quale voglio bene, è accompagnata da altri sentimenti. In quel caso, dall'ansia per un problema che è il caso di definire grosso come una casa: non potevo lavorare a *Colorado* vivendo a Vicenza.

Colorado consisteva in tredici puntate a cadenza settimanale. Per ogni puntata erano previsti due giorni di prove e due giorni di registrazioni, per un totale di quattro giorni a settimana che avrei dovuto passare a Milano. Non potevo andare avanti e indietro da Vicenza in treno: gli orari della trasmissione non lo consentivano.

Come forse avrete intuito, non sono una persona che ama buttarsi senza paracadute. Sono però capace di risolvere problemi pratici senza farmi prendere dal panico.

Quella volta valutai diverse soluzioni, poi mi accordai con una delle altre ragazze del cast e presi insieme a lei un appartamento ad affitto breve a Cologno Monzese, vicino agli studi dove avremmo registrato. Economicamente il gioco valeva a stento la candela: si può dire che avremmo vissuto in regime di sussistenza, potendoci cioè permettere solo il tetto sotto il quale dormivamo e il cibo che avremmo consumato. Fine. Aperitivi in Brera? Zero. Shopping? Per carità.

D'altra parte: ero finalmente nel cast di una trasmissione nazionale! Vivevo a Milano! (Ok, Cologno Monzese, ma non stiamo lì a guardare il pelo nell'uovo). Mi sembrava di essere sulla rampa di lancio per Marte. Ero pronta a partire.

VIII

Gli scout sono la mia unica certezza in materia educativa: quando avrò dei figli li iscriverò appena possibile, perché per me è stata un'esperienza troppo bella. E utile.

Avevo nove anni quando, per la prima volta, mi sono staccata fisicamente dalla mia famiglia per andare in campeggio. La mamma mi aveva aiutato a preparare lo zainetto con il sacco a pelo, i calzini, le camicie, i pantaloni corti e il beauty case con lo spazzolino. Una volta finito cominciò a passare in rassegna ogni tasca: «Qua c'è questo, qua c'è quest'altro… se ti serve questo lo trovi in questo scompartimento…». In piedi di fronte a lei e allo zaino, la ascoltavo cercando di memorizzare la posizione di ogni oggetto, ma la mia testa non voleva saperne di concentrarsi: continuava a pensare al fatto che sarei stata per tre giorni senza genitori. A un certo punto mia madre mi infilò il fazzolettone verde e bianco al collo e lo zaino sulle spalle (un macigno, in pratica) e uscimmo di casa.

Ho frequentato gli scout per cinque anni, diventando anche capo grazie alla mia attitudine a prendermi cura degli altri. Nonostante abbia anch'io le mie fragilità, se vedo che qualcuno cui voglio bene sta male metto da parte qualsiasi sentimento io stia provando e mi occupo di lui, o di lei.

> "AVERE LE PROPRIE FRAGILITÀ NON IMPEDISCE DI PRENDERSI CURA DEGLI ALTRI: SE VEDO QUALCUNO CHE STA MALE, METTO DA PARTE I MIEI SENTIMENTI E MI OCCUPO DI LUI, O DI LEI."

Il campeggio scout non è esattamente un'esperienza da cartoni animati, anche se a viverla sono più che altro bambini e ragazzi molto giovani: si esige da tutti il rispetto delle regole del campo e della natura, che sono piuttosto dure. Sveglia alle 7, grazie a qualcuno che percuote un coperchio con un cucchiaio e urla "In piediii!". Seguono svariati giri di campo, di corsa, per riscaldarsi. Tutti, a turno, cucinano, lavano le gavette e le stoviglie. Ci si scalda solo con il fuoco e per accenderlo bisogna cercare la legna. Ciascuno deve essere in grado di montare la propria tenda, di usare un sacco a pelo e di dormirci dentro, nel buio semi-assoluto del bosco, con tutti i suoni della natura in sottofondo. I bisogni si fanno ovviamente all'aperto. Sopra ogni cosa, però, gli scout devono essere in grado di camminare a lungo, a volte per ore, anche in salita, portando il proprio zaino ed eventualmente parte delle provviste.

Non era raro che alcuni bambini avessero dei momenti di sconforto: allora, sebbene pure io fossi piuttosto provata dalle vesciche ai piedi, le spalle doloranti e la paura del buio, mi avvicinavo a chi non si sentiva a suo agio e provavo a consolarlo, offrendogli il mio aiuto.

Ho smesso di essere una scout quando le mie priorità sono cambiate e ho cominciato a desiderare di passare i pomeriggi del sabato in centro invece che in sagrestia, alla riunione settimanale, ma sono perfettamente consapevole del fatto che, tra queste due cose, ad avermi formato come persona sia stata certamente la seconda.

Ho imparato a cavarmela in situazioni difficili: non troverei sconvolgente l'ipotesi di dormire su una stuoia in mezzo al bosco, so montare una tenda e non mi scandalizzerei se dovessi per necessità fare la pipì all'aperto o arrostire la carne sul fuoco. Più che altro, però, gli scout mi hanno insegnato due cose: a risolvere i problemi e a resistere alla fatica. Alcune delle passeggiate che ho fatto sono state estenuanti, ma non mi è mai passato per l'anticamera del cervello di mollare. Le ho portate a termine perché ero parte del branco e tutto il branco stava camminando. Stancarsi e tornare indietro non è una cosa onorevole per uno scout. Certo, a volte tornare indietro è la migliore delle scelte, ma in generale questo gruppo insegna a tenere duro e a scegliere con cura ciò di cui avere paura: una vescica ai piedi o accamparsi da soli quando tutti gli altri sono avanti?

> “LA DEDIZIONE FA MIRACOLI: ALLA FINE DI TANTO CAMMINARE SI ARRIVA SULLA CIMA DELLA VETTA, E LÌ IL MONDO È PIÙ BELLO, L'ARIA PIÙ FRESCA, I PRATI PIÙ VERDI.
> E LA SODDISFAZIONE DI ESSERE RIUSCITI NELLA SALITA RIEMPIE OGNI CELLULA.”

Credo di aver imparato allora un minimo di senso del sacrificio, che cos'è lo spirito di gruppo, l'importanza di aiutare gli altri. E di aver visto che miracoli fa la dedizione: perché alla fine di tanto camminare si arriva in cima, e lì il mondo è davvero più bello, l'aria più fresca, i prati più verdi. E la soddisfazione di esserci riusciti riempie ogni cellula.

Mi sono ritrovata dentro tutto questo quando, per la prima volta in assoluto, mi sono allontanata da casa per lavoro. Avevo ventidue anni, non sapevo caricare una lavatrice e cucinavo solo tre piatti. Eppure sono sopravvissuta.

Colorado è stata un'esperienza tostissima.

Professionalmente perché ho compreso a fondo quanta fatica ci sia dietro uno spettacolo che, visto in televisione, scorre perfetto dal primo minuto all'ultimo, sembrando semplice anche da fare. Non è così: perché le cose siano fluide per chi guarda, dietro le quinte la macchina deve essere oliata, rodata, testata e revisionata mille e una volta ancora, e questo richiede competenza, impegno, concentrazione. Un mucchio di lavoro, insomma. Il mio ruolo era piccolino, ma mi ha permesso di fare gavetta e di imparare non solo facendo, ma anche osservando gli altri: gli autori, la produzione, i conduttori.

Dal punto di vista personale, non è stata una passeggiata. Dal calore del mio nido vicentino ero passata a un appartamentino di cinquanta metri quadri al massimo, con una finestra che dava su un parcheggio grigio e sterminato. Talvolta la nebbia era così fitta che non si vedevano nemmeno le automobili. Io e la mia compagna di avventura ci svegliavamo, ci precipitavamo alla macchina (per evitare il traffico) e partivamo alla volta degli studi televisivi. Passavamo lì tutta la giornata e la sera, quando era già buio, tornavamo a casa, passando a volte dal supermercato. Meno male che eravamo in due, da sola credo avrei vacillato. Avevo messo in conto che nessuno mi avrebbe servito una carriera nel mondo dello spettacolo su un piatto d'argento, ero soddisfatta di essermi guadagnata questa possibilità e ce la mettevo tutta perché potesse essere preludio di altro ancora, ma certo non sarei onesta con me stessa se scrivessi che quei mesi sono stati uno spasso. Va bene così, fra l'altro: capire subito che cosa mi aspettava se avessi continuato a muovermi in quel mondo mi è stato utile per capire se volevo continuare oppure fermarmi, e fare ritorno a casa.

Capii allora, anche, un'altra cosa fondamentale: non è tutto oro quello che luccica. In televisione tutti sorridono, ma alcune di queste persone sono lupi veri e propri, altri hanno vissuti non semplici e nella vita privata, quando rilassano i muscoli del viso, smettono di sorridere e cercano di scendere a patti con le loro fragilità.

Alla prima categoria appartengono tutti coloro che cercano di sfruttare la loro posizione per sedurre le ragazze alle prime armi. Lasciano loro intendere che, se solo saranno disponibili a una cena, un dopocena e chissà cos'altro, allora le porte del successo si spalancheranno e la loro carriera partirà a razzo.

A me non è mai capitato nulla del genere, per fortuna. Né mi sono mai trovata in situazioni che ho percepito come pericolose. Chiaramente, ai numerosi eventi cui ho partecipato ho incontrato una lunga serie di uomini sposati che mi avvicinavano e cercavano di lasciarmi intendere chissà che cosa, ma di cadere in tranelli simili a quelli che tuttora vengono smascherati da trasmissioni come *Le Iene* o *Striscia la notizia* non mi è mai successo. Credo sia perché non sono mai stata lasciata da sola.

Da un lato ho sempre avuto un'agenzia a rappresentarmi e tutelarmi, il che ha creato una cornice molto nitida, fuori dalla quale non avevo alcun interesse a spingermi.

Inoltre, la mia famiglia è sempre stata non solo un sostegno, ma anche un faro, che mi ha aiutato a fare luce quando le cose diventavano poco chiare. Mio padre, d'altra parte, si è sempre comportato così. Ricordo quando, a sedici anni, smaniavo per passare le domeniche pomeriggio in discoteca, ci andava tutto il gruppo di cui facevo parte. Mio padre non mi ci ha mai mandato. «Non sei pronta» mi spiegava, «potresti trovarti a vivere esperienze che non sapresti come gestire.» Lo odiavo per questa sua fermezza, poi una mia conoscente è dovuta tornare a casa con un ragazzo che guidava completamente ubriaco, a un amico hanno offerto della droga, un'altra ragazza si è trovata all'uscita un po' stordita in una situazione poco simpatica. Potrei forse non fidarmi di un uomo che annusa il fuoco quando gli altri nemmeno vedono il fumo?

Mi è però capitato di conoscere colleghe che negli anni sono inciampate in appuntamenti fasulli oppure di ricevere messaggi da parte di alcune follower che mi chiedono se dovrebbero accettare le proposte di alcune sedicenti agenzie che chiedono loro anticipi per inserirle in corsi di portamento oppure per organizzare uno shooting propedeutico alla realizzazione di un book fotografico. «Non è così che funziona» spiego di solito. «Un'agenzia che ti prende sotto la sua ala non ti chiederà mai soldi per accettarti tra le fila dei suoi artisti. I manager seri investono sulla tua immagine, il loro ritorno economico arriva nel momento in cui riescono a farti lavorare.»

Alla seconda categoria, di cui scrivevo qualche pagina fa, appartengono tutte quelle persone irrisolte che ci illudiamo di conoscere perché le abbiamo viste sullo schermo. Spesso l'immagine pubblica di una persona non è sovrapponibile al cento per cento al suo carattere o al suo modo di essere. Questo l'ho imparato a mie spese al termine di *Colorado*.

L'affitto dell'appartamento che condividevo con la mia collega scadeva proprio l'ultimo giorno di riprese. La sera ci sarebbe stata la festa di fine produzione, poi saremmo ripartite entrambe per le nostre rispettive città d'origine, per decidere il da farsi. La mia collega sarebbe stata ospitata dal fidanzato che, gentilmente, si offrì di dare asilo anche a me e ai miei bagagli. Felicissima di non dovermi sobbarcare la spesa di una notte in albergo, accettai con gratitudine. La sera andammo tutti e tre alla festa. Tornammo a tarda notte e io mi infilai dritta nella mia stanza, lasciando tutti i bagagli, già pronti, in soggiorno. La mattina dopo, uscii dalla camera per salutare e ringraziare prima di volare in stazione, ma le mie cose erano sparite. Si sentiva una strana puzza di fumo provenire dal bagno. Andai a vedere e trovai il ragazzo della mia collega con un paio di forbici in mano e le mie valigie aperte per terra: stava tagliuzzando quello che rimaneva dei miei vestiti, il resto l'aveva bruciato nel lavandino. Sconvolta da questa scena corsi via in pigiama, arraffai la borsa (che fortunatamente era a portata di mano) e scesi le scale correndo, con lui che mi inseguiva e mi urlava: «È colpa tua! La vuoi portare via!», come se io fossi stata determinante nella scelta della sua ragazza di fare ritorno dalla sua famiglia. Io non volevo portare via nessuno, ovviamente, ma solo tornare dai miei.

Ricordo che riuscii a calmarmi solo quando vidi la portinaia del palazzo, dietro la quale mi trincerai per essere sicura che questo ragazzo – un volto amabile e sorridente della televisione italiana – non mi avvicinasse. A quel punto chiamai mio padre, che venne a prendermi in macchina da Vicenza, per evitare che mi avventurassi in un viaggio di ritorno in treno, in pigiama e pantofole.

Quella fu la prima volta che mi resi conto che il mondo dello spettacolo, che a me sembrava perfetto, poi così perfetto non era. Come tutti. E, come sempre, anche in quel caso dovevo stare con gli occhi aperti.

IX

Quando la mia agenzia mi disse che una casa di produzione era interessata a farmi un provino per *L'isola dei famosi*, sorrisi: qualcuno mi considerava famosa! In effetti, a ogni apparizione televisiva i miei follower crescevano esponenzialmente di numero. Ero (e sono) uno strano personaggio pubblico, in bilico tra la rete e la TV, l'intrattenimento digitale e quello classico.

Partecipare a *L'Isola dei famosi* era un'ipotesi che mi spaventava: avevo seguito le edizioni precedenti e visto le persone fare la fame, affrontare i propri demoni e zanzare grosse come elicotteri, affrontare prove durissime… Non credevo di essere all'altezza né ero sicura che fosse la cosa giusta per me. Rischiavo di espormi tantissimo e di fallire miseramente. Non volevo.

Però decisi di andare comunque a sostenere il provino: di certo non mi avrebbe fatto male.

Il produttore che incontrai era talmente impassibile da assomigliare a uno psicologo. Mi bombardò con una raffica di domande dirette cui io risposi in maniera un po' incerta. Non ero convinta e si vedeva. Ovviamente, non convinsi del tutto lui, ma venni comunque convocata per un secondo provino, a distanza di qualche giorno. In quel lasso di tempo, ovviamente, non feci che ripensare a quanto *L'isola dei famosi* fosse un'occasione preziosa per presentarmi al pubblico come essere umano senziente e parlante. Se per coglierla avessi dovuto fare la fame in Honduras e venire morsa da milioni di zanzare-elicottero, pazienza: avrei fatto la fame e sarei stata morsa dalle zanzare.

In più, non sopportavo il pensiero di non aver colpito come avrei potuto il produttore. Arrivata a quel punto volevo portare a casa il risultato.

Al secondo provino ero splendente di energia e di convinzione: volevo con tutta me stessa essere in grado di far accendere nei produttori quella scintilla che gli avrebbe fatto pensare: "È lei". Mi ero preparata un discorso molto diretto e onesto e una serie di risposte ipotetiche alle domande che, immaginavo, mi avrebbero fatto. Non volevo lasciargli scampo: se fossero stati un minimo interessati, non avrebbero potuto non scegliermi.

Dopo qualche giorno, il mio telefono squillò. Il numero della produzione.

«Pronto?»

«Sei carica per diventare una naufraga dell'*Isola dei famosi*?»

«Non ci credo!» ho risposto d'istinto. Aveva funzionato. Avevo sciolto ogni dubbio, l'avevo voluto, mi ero preparata e aveva funzionato. Incredibile. Ma vero. E bellissimo.

Tutte le paure che avevo – e altre che ho scoperto di avere solo mentre ero in Honduras – si sono concretizzate. Per i concorrenti *L'isola dei famosi* è un'esperienza che può essere sconvolgente, più che un programma televisivo. Forse non ero pronta (umanamente, più che professionalmente) a vivere qualcosa del genere, infatti sono uscita alla sesta settimana, però quando sostenevo che per me quella sarebbe stata un'opportunità avevo ragione.

> “TAGLIAMO SOLO I TRAGUARDI CHE DESIDERIAMO DAVVERO, DOPO AVER SPAZZATO VIA OGNI DUBBIO ED ESSERCI PREPARATI AL NOSTRO MEGLIO.”

So benissimo di non aver partecipato per particolari meriti, però, per il percorso che avevo intrapreso e il mio obiettivo, era un tassello importante. Credevo che mi avrebbe dato la possibilità di esprimermi più di altri programmi cui avevo partecipato, ed era vero. Infatti, mi ha regalato un balzo di popolarità. Il che non era proprio una cosa da niente, per una ragazza di ventitré anni semi-sconosciuta, senza raccomandazioni né conoscenze, che viene da una normale famiglia di Vicenza. Sarebbe stato a me, poi, valorizzare quella popolarità.

Terminata *L'isola dei famosi*, si è aperta per me una stagione molto, molto impegnativa.

Dovete sapere che, tranne pochissimi, per lo più i personaggi televisivi vivono fasi altalenanti: in alcuni periodi lavorano così tanto da non avere letteralmente un momento libero, poi, di colpo, possono trovarsi a dover attendere settimane e settimane, o anche mesi, la telefonata che annuncerà loro il prossimo ingaggio. Non è semplicissimo resistere a questa specie di incertezza perenne – che, peraltro, non è un'esclusiva di chi fa televisione o radio: la conoscono di certo anche tanti altri professionisti. Ci si sente sempre in bilico sull'orlo del burrone, in attesa di una qualche mano che ci tiri indietro quando i nervi (e le gambe, di conseguenza) stanno per mollare.

Consapevole di questo, decisi che avrei fatto la formica. Ovvero, avrei preso tutte le commesse che i limiti di tempo e spazio mi consentivano.

Cominciai a lavorare come una matta: si può dire che prima vivacchiassi ai margini del mondo dello spettacolo, mentre in quel momento mi si presentò addirittura la possibilità di potermi permettere di mantenermi a Milano. Da sola. Senza chiedere un euro ai miei. Un record assoluto. Meno male che è andata così, visto che la stragrande maggioranza delle occasioni era proprio lì.

La scelta migliore era anche quella che volevo fare. Il salto. Provarci, per davvero, con le mie sole forze. Da donna adulta quale credevo ormai di essere.

> “SE LA SCELTA MIGLIORE
> È QUELLA CHE VOLETE FARE,
> TRANQUILLI:
> SARÀ UN SUCCESSO.”

Ho fatto le valigie, abbracciato piangendo mamma, papà e fratello, e affittato una stanza in hotel. Avrei dormito lì mentre lavoravo e, nel frattempo, cercavo una casa in affitto.

Nella mia testa, l'hotel era una sistemazione temporanea. Se mi avessero chiesto quanto mi ci sarei fermata, avrei risposto una settimana, massimo due. Invece ci rimasi un mese, perché cercare una casa a Milano con il budget che avevo a disposizione e una posizione decente era un'impresa che richiedeva decine di visite e appuntamenti. Per le visite e gli appuntamenti ci voleva tempo, e io (per mia fortuna) ne avevo poco. In più ero da sola: i miei genitori lavoravano entrambi, non potevano assistermi in questa ricerca, dovevo cavarmela per conto mio.

La sera, quando tornavo in hotel, mi chiudevo alle spalle la porta della stanza e, con la cena in una busta di Deliveroo, guardavo le pareti grigio fumo e i mobili eleganti ma asettici. Mi salivano istantaneamente le lacrime agli occhi, perché lì dentro ero completamente sola. Mangiavo davanti alla televisione, in silenzio, senza il coraggio di telefonare a nessuno per timore di scoppiare a piangere e far preoccupare tutti, o, peggio ancora, farli sentire in colpa perché non erano lì con me. Distratta dall'ennesima puntata delle *Regole del delitto perfetto*, mi riprendevo quel tanto che bastava per telefonare a casa, ma la tristezza non se ne era andata: si era solo nascosta e mi riassaliva appena mi infilavo sotto le coperte e provavo a dormire. Osservavo il soffitto e finalmente piangevo, poi mi addormentavo, e il giorno dopo ricominciavo daccapo.

L'inizio della mia amicizia con Pietro, il mio migliore amico e il mio salvagente, risale a quel periodo. Pietro fa il parrucchiere in un rinomato salone del centro di Milano ed è l'unica persona di sesso maschile con cui probabilmente non potrei mai condividere niente di più di un'amicizia: è un fratello acquisito. A volte, alle 7 di sera lo aspettavo fuori dal salone e andavamo insieme fuori a cena. In questi anni è stato fondamentale, perché mi ha supportato, incoraggiandomi, ascoltando i miei pianti e dicendomi "vorrei non vederti piangere mai più", abbracciandomi quando ne avevo bisogno.

Nel bel mezzo di questa selva oscura, uno della mezza dozzina di agenti immobiliari con cui parlavo mi propose un appartamento nello stesso quartiere del salone dove lavorava Pietro. «La zona è bella. Ma ti dico: piccolo, brutto, i mobili sono vecchi... Non te lo faccio neanche vedere.»

«No, no, fermo, aspetta: ho bisogno di trovare subito una casa che costi quanto mi posso permettere. È nel mio budget?»

«Sì.»

«Mi va bene, la prenda.»

«Ma è brutta. I mobili sono vecchi. Non la vuoi neanche vedere?»

«No, la prendo. La zona mi piace, sono senza macchina, preferisco sentirmi al sicuro quando rientro la sera per conto mio che avere un mobilio all'ultimo grido. La prendo.»

L'agente riuscì a convincermi a vedere la casa prima di firmare. Non posso dire che non avesse difetti: è al primo piano di un palazzo vecchissimo, è buia, la luce si infiltra proprio perché ha tanta buona volontà, visto che la posizione delle finestre non fa nulla per favorirla. Niente terrazzi, l'unica finestra della zona giorno dà sul cortile del palazzo dove i condomini buttano la spazzatura. Il cucinino è angusto, risale forse agli anni Cinquanta, il divano è minuscolo, la televisione era talmente antica da essere bombata. La poltrona non la dimenticherò mai: in pelle, marrone scuro, non avrebbe stonato a casa nostra nella sua versione spiritata, prima che i miei la rimettessero a nuovo. In bagno i mobili erano verdi fluo, alle pareti della camera c'era un'inquietante carta da parati con dei gufi verdi. Come se non bastasse, tutta la facciata era abbracciata da un'impalcatura che terminava esattamente all'altezza delle finestre: al mattino sarei stata svegliata dai passi dei muratori.

«La prendo.»

L'agente immobiliare non credeva alle sue orecchie. Non gli pareva vero di essere riuscito a piazzare quell'appartamento.

Così come, nonostante il lunghissimo elenco di contro (per fermarsi a quelli che mi erano saltati agli occhi durante la visita), a me non pareva vero essere riuscita a trovare casa. Per quanto imperfetto, avrei finalmente avuto un nido tutto mio.

Quando presi i miei bagagli e lasciai l'albergo ero carica come una molla, ma questa euforia della prima ora durò proprio poco. Appena entrai, venni sommersa dallo sconforto. Nemmeno uno dei quarantotto metri quadri a mia disposizione mi faceva sentire a mio agio.

«Per forza, non c'è nulla di tuo, Pao» mi disse mia madre. «Non preoccuparti, nel weekend papà e io veniamo a trovarti e ti aiutiamo a sistemarti.»

Era giovedì. All'idea che i rinforzi sarebbero arrivati prestissimo, frugai nelle valigie alla ricerca del pigiama, poi le accatastai mezze aperte contro una parete del salotto e andai in camera. Il letto era, ovviamente, disfatto. Sulla struttura c'era il materasso e, sopra il materasso, niente. A parte un cuscino molle e piatto. Il problema della presenza (o assenza) della biancheria della casa mi era così estraneo che non me l'ero posto. Non ci avevo pensato. Dormii al centro del matrimoniale, con una tuta e i calzini più pesanti che ero riuscita a recuperare, raggomitolata su me stessa per non patire il freddo. Non che mi sentissi la piccola fiammiferaia, però, ecco, sola sì. Perché io alle coperte non avevo pensato, ma non avevo nemmeno nessuno accanto, in quel momento, che potesse pensarci al posto mio. O che mi abbracciasse tenendomi al caldo.

La mattina dopo mi svegliai alle 8, al grido di "Attenti di sottooo!" Erano i muratori che stavano ridipingendo la fetta di facciata proprio di fianco alla mia finestra. Dopo una notte tremenda, quindi, anche una sveglia tremenda!

Il giorno successivo, sabato, la scena si ripeté, ma con il campanello. Mi trascinai in stato di semi-incoscienza ad aprire la porta, e mi trovai di fronte mamma e papà.

I miei due angeli erano carichi di borse e sacchetti con oggetti portati da casa: lenzuola, coperte (meno male), cuscini per il letto e per il divano, asciugamani, cose per la cucina e per il bagno. Mentre papà cercava di riparare tutte le prese rotte, le piastrelle sbeccate e mappava i vari problemi da risolvere, mamma mi aiutò a pulire la cucina, mi spiegò come fare le lavatrici senza trasformare le mie magliette preferite in taglia 36 mesi e con pochi tocchi riuscì a rendere l'ambiente un po' piacevole.

Nel tempo, piano piano, ho cominciato ad appropriarmi della casa. Non che io abbia fatto chissà quali cambiamenti, ma, per esempio, ho sostituito il tavolo della cucina, di formica, con uno di legno, cui ho abbinato delle sedie belle e comode. Ho sostituito la carta da parati con i gufi verdi con una dai colori tenui, a righe sottili. Ho comprato una libreria e una scaffalatura per il bagno. Poi un divano grande e una televisione gigante, assolutamente sovradimensionata per la casa, ma nella mia testa prima o poi avrei avuto tanti amici che sarebbero venuti a trovarmi e avremmo passato serate intere su Netflix, mangiando tutti insieme una poke. Ho scoperto che un portasapone, una lampada o un tappeto arredano più di quanto si possa pensare, se si riesce a fare in modo di portare l'attenzione su di essi. In attesa di scoprire il mio stile, mi affidai a quello di mia madre, che era quello che conoscevo meglio. Era anche quello che mi faceva più sentire a casa: alzare la testa dal computer o dal telefono e trovarmi di fronte una cassettiera che sapeva di lei era un po' come averla vicino.

Ci è voluto un po', ma una sera, rientrata nell'appartamento dopo una lunghissima giornata, mi sono sentita a casa. Nella mia tana.

Avevo solo un problema, e non da poco. La solitudine.

Io e lei non siamo mai state grandi amiche. Mi piace stare da sola solo quando ho bisogno di tranquillità: se sono stanca, per esempio, ho bisogno di stare sola e mi succede di desiderarlo. Altrimenti, preferisco nettamente circondarmi di persone: non una folla, decine di amici festanti; sto bene nei piccoli gruppi coesi, con amici veri, dei quali so di potermi fidare.

Il sentirmi sola, e triste per questo, impregnava ogni momento della mia giornata. Perché sapevo che, se pure di giorno avessi fatto il lavoro più bello del mondo (e lo facevo, secondo me), se pure fossi riuscita a raggiungere risultati che fino a un anno prima non avrei osato sperare (ed era così), la sera comunque non avrei avuto nessuno a cui raccontarlo. Nessun amore. A parte Pietro, nessun amico cui confidare le mie paure, senza il timore di essere giudicata o fraintesa.

Per quanto io veda sempre il bicchiere mezzo pieno e sia convinta fino al midollo che un atteggiamento "be happy, be positive" sia la chiave per raggiungere i nostri obiettivi, non riesco a essere happy e positive trecentosessantacinque giorni l'anno. A volte mi sento fragile. Un'altra cosa che non mi piace: mostrarmi triste. Ho l'impressione di espormi al compatimento, di sembrare debole. So che non è così: non avere mai un cedimento non è umano, tutti hanno bisogno degli altri, e la famiglia e gli amici sono lì proprio per tenderci la mano quando il momento arriva. Lo so, ma non l'ho ancora interiorizzato, perché continuo a odiare la sola idea di apparire indifesa. Piuttosto di chiedere aiuto, mi chiudo a piangere in camera, per conto mio. In compenso, se sto per crollare e noto che qualcuno intorno a me ha bisogno, sono ben felice di accantonare momentaneamente tutti i miei malesseri e i miei problemi e di spendermi totalmente per aiutare chi amo a venir fuori dal suo buco.

Avevo cominciato ad adottare i miei quarantotto metri quadri, insomma, e loro ad accogliere me, quando la tristezza ha cominciato a dilagare nel mio cuore.

Mi mancava Chiara, la mia migliore amica: ci conosciamo dall'asilo, abbiamo frequentato tutte le scuole insieme tranne le superiori, quando abbiamo scelto indirizzi diversi, ma continuando a vederci spesso. Io a casa sua, lei a casa mia. Insieme andavamo a danza e a nuoto. Poi io ho cominciato a bazzicare Milano e mi ci sono trasferita, lei si è laureata ed è andata a vivere in Belgio, e abbiamo perso i contatti. Ci seguiamo e sentiamo ogni tanto su Instagram, ma in quei primi mesi di vita milanese da grande la sua assenza si è fatta sentire per quello che era: un vuoto. Era la mia amica più cara, l'unica persona che, al di fuori della famiglia, mi conosceva da così tanto tempo. Avrei voluto chiamarla per raccontarle tutto nei minimi dettagli, come avrei fatto anni prima, ma non osai tanto, mi sembrava che fosse passato troppo tempo.

X

L'isola dei famosi terminò ad aprile e mi ritrovai con un'agenda tempestata di appuntamenti in mezza Italia. Avevo appena trovato casa, ma si può dire che vivessi sul mini-van con cui raggiungevo le mie mete.

Avete presente le trombe d'aria, che passano e sollevano qualsiasi oggetto capiti loro a tiro, lo fanno girare vorticosamente e poi lo risputano a terra quando hanno scaricato tutta la loro energia? Io mi sentivo come una di quelle cose: presa e sballottata da un meccanismo più grande di me, che non conoscevo e di cui dunque non avevo il controllo. Ogni giorno conoscevo persone nuove, stringevo mani, scambiavo sorrisi, ma tutto si fermava a un livello molto superficiale, perché nel giro di un paio d'ore sarei dovuta ripartire. Altra strada, altri chilometri, altra gente, altre mani, altri sorrisi. Ero sola in ogni istante della giornata: sul van, trincerata dietro le cuffie e gli occhiali scuri, attraverso i quali guardavo il mondo di fuori scorrere veloce e inospitale; ero sola su e giù dai palchi; ero sola la sera, nelle camere di hotel tutte uguali, con letti freschi, WC igienizzati e le prese nascoste in punti introvabili.

Quella vita l'avevo scelta io, è vero. Si può proprio dire che me la fossi cercata! Ciò non toglie, però, che fosse difficile scendere a patti con le sue sfaccettature più ostiche, cui non ero preparata. Per esempio, non mi aspettavo che il lavoro mi imponesse di perdere la festa di compleanno di mio padre o di mia nonna.

Oggi, che da allora sono passati alcuni anni, so che questa vita richiede una serie di compromessi nella gestione del tempo. Che non posso permettermi di rinunciare a occasioni lavorative preziose, a volte uniche, se voglio costruirmi un futuro il più solido possibile. Ma so anche che tutto questo ha un prezzo in termini di affetti: in questi anni mi sono persa innumerevoli eventi famigliari e di amici ai quali tenevo. Il motivo era buono, d'accordo, ma non posso fingere che essere lontano dalle persone care, sempre altrove, non mi sia pesato.

In quelle settimane, complice l'inesperienza, ne soffrivo particolarmente.

Non lo so, forse dobbiamo arrivare a scoprire il punto in cui più siamo vulnerabili per poi rafforzarci. In quel momento io ero molto vulnerabile, e penso sia stato proprio quello stato d'animo a farmi emozionare così profondamente sulle note di una canzone che non avevo mai sentito. Ascolto spesso le playlist italiane di Spotify, mi piace riscoprire i classici e farmi stupire dalle novità. Il testo parlava di due ragazzi che oltrepassavano un limite, volavano in alto, così in alto come non gli era mai capitato, e volevano tornare lì, e rimanerci, anche se tutto intorno si fosse spento.

> “FORSE DOBBIAMO SCOPRIRE IL PUNTO IN CUI PIÙ SIAMO VULNERABILI PER RAFFORZARCI.”

La canzone era *Moscow Mule*. E ho sentito un guizzo di felicità. Dopo mesi, un'onda di *good vibes*. E per cosa? Per la voce di un ragazzo che non conoscevo. La musica mi sembrava bellissima, ma la voce di più. Unica. Speciale. Senza quella voce il pezzo sarebbe stato diverso, non mi avrebbe messo così di buonumore. Incuriosita, andai su Google e digitai Moscow Mule, convinta di trovare il nome di un cantante. Scoprii che il cantante era in realtà un gruppo, Benji & Fede, e che la voce apparteneva a Fede. Federico Rossi. Lo cercai su Instagram. @federicofederossi.

Biondo, occhi azzurri, fisicaccio, sorriso dolce. Bellissimo. Com'era possibile che non lo conoscessi? Aveva qualcosa di familiare, come se ci fossimo già incontrati. Eppure, dal vivo non potevamo esserci visti, me lo sarei ricordato di certo. "Vuoi vedere che mi ha scritto?" pensai. Scorsi la cronologia della chat, niente. Eppure... da qualche parte quel messaggio doveva esserci. Solo che non lo trovavo. Presa da un'improvvisa frenesia, feci una cosa che non sono solita fare, ovvero mandare un messaggio a un ragazzo. Non avevo visto foto in cui baciava o abbracciava altre ragazze, quindi mi dissi "Perché no?", e assecondai quell'impulso un po' folle.

Non volevo passare per la groupie invasata e lasciar passare il concetto che mi fossi invaghita di lui. Così scrissi: «Ehi, sono in viaggio ed è tutto il giorno che mi tenete compagnia! :)», continuando a chiedermi se quelle dita erano le mie oppure avessero improvvisamente preso vita propria. Con quel "tenete" volevo sottintendere che mi stavo rivolgendo a lui come artista, non come persona. Mi tenevo un minimo a distanza, insomma. Chiusi la chat e, per ingannare l'attesa, tornai su Spotify, dove feci indigestione di tutti gli album di Benji e Fede.

Lui mi rispose dopo qualche ora. Vidi il DM la sera, in albergo, dopo aver raggiunto la mia destinazione, nelle Marche, aver partecipato all'evento ed essere tornata in hotel. Era ormai notte fonda. Confesso che in tutto quel tempo mi ero chiesta: "Avrà letto? Mi avrà scritto?" Un po' per orgoglio (di solito ero io a fare la preziosa), un po' perché c'era qualcosa in quel ragazzo che mi attraeva, al di là del suo aspetto fisico. E volevo capire cosa fosse.

Quando vidi la spunta blu non stavo più nella pelle.

«Sono stato un buon compagno di viaggio, almeno?»

Gli risposi immediatamente, nella speranza di cominciare una conversazione, e successe. Tre messaggi e ci ritrovammo a parlare di tutto. A scherzare. A ridere.

Mi rendo conto di quanto possa sembrare strano, ma nei giorni successivi cambiò qualcosa dentro di me. Continuavo a sentirmi sola, ma avevo come un "friccicore". Un'esuberanza nuova. Aspettavo i suoi messaggi, mi divertivo a scrivergli. Chiacchierare con lui mi faceva stare bene, anche se si trattava solo di una chat. Non ci eravamo nemmeno visti, eppure, a volte, mi sentivo il volto arrossire, proprio come se fossimo stati a pochi centimetri, tanto da poterci prendere le mani.

Una settimana dopo ci incontrammo. Io ero tornata a Milano, lui si trovava lì per le prove del *Siamo Solo Noise Summer Tour* e mi invitò a bere una cosa al bar del suo albergo. «Un Moscow Mule, magari.»

Benissimo. Botta di agitazione mai vista: e se tutte le mie aspettative fossero crollate? Avevo una sensazione talmente positiva che volevo proteggerla, non ero pronta a farne a meno. Mi avrebbe fatto piacere messaggiare ancora un po', prendere tempo. Però accettai, perché ero curiosa e sapevo che, comunque, mi sarei sentita nello stesso identico modo dopo una settimana o anche due. Tanto valeva buttarsi.

Così mi vestii carina, con un abito a fiori. Niente minigonne o top da battaglia: solo Paola, non Madre Natura. Al primo sguardo mi dimenticai persino di averla provata, quella paura: il feeling tra noi era così forte, così pulsante, che rimanemmo a parlare di tutto, a ridere, a raccontarci le nostre vite così simili, a bere Moscow Mule e a cantare vecchie canzoni del *Festivalbar* fino alle quattro del mattino. Non mi era mai successo di baciare un ragazzo al primo appuntamento, ma quella sera sì.

Eravamo presi talmente bene che ci rivedemmo la sera dopo e quella dopo ancora. Tra mille timori gli mostrai persino la mia tana minuscola: non sapevo che idea potesse essersi fatto di me, magari immaginava che vivessi in duecento metri quadrati con vista sul Duomo... Lui si guardò attorno incuriosito, mi disse che gli piacevano le foto che avevo appeso alle pareti, poi entrò in cucina, cercò due bicchieri e una bottiglia di vino. Era completamente a suo agio.

In un soffio Fede ripartì per il tour. Continuammo a sentirci come avevamo fatto fino a tre giorni prima, finché, all'improvviso, mi chiamò per dirmi: «Fai la valigia, ti porto via per quattro giorni».

Era fine luglio, ci frequentavamo – se così si può dire – da un mese. Spiazzatissima, felice, risposi: «Che bello! Dove andiamo?»

«Sorpresa.»

«Ok, ma dimmi almeno se devo portare gli scarponi da montagna o il costume da bagno.»

«Uhm… costume da bagno. Ma la meta non te la dico!»

Scoprii che mi avrebbe portato a Santorini quando eravamo in coda al gate, cinque minuti prima di salire sull'aereo.

A Fede sicuramente le ragazze non mancavano, ma si era preso la briga di organizzare tutto quello per me, perché stessimo bene insieme in un posto pazzesco. Il tutto nel bel mezzo del tour estivo, quando le sue priorità avrebbero potuto essere altre. Era stato molto galante e anche molto chiaro: a me ci teneva. E io a lui.

In Grecia non c'ero mai stata. Era tutto nuovo per me. La nostra meta era un resort affacciato sulla caldera: facevamo colazione a letto, cenavamo sotto le stelle. Passavamo le giornate in barca, in acqua, a prendere il sole, a raccontarci e fare foto in piscina. È stata magia pura. La vacanza perfetta.

Una sera cenammo in terrazza, a lume di candela. C'era un'eclissi. Ricordo la luce della Luna affievolirsi lentamente, e con lei spegnersi i riflessi argentei sul mare, mentre un disco buio si allargava piano piano, prendendosi il suo spazio.

Ci guardammo negli occhi, due esseri minuscoli in quella immensità, ed è stato così potente, così intenso quello che abbiamo provato da aver istintivamente risposto di sì alla domanda che in quei giorni era nell'aria. Sì, volevamo stare insieme per davvero. E sì, volevamo dirlo a tutto il mondo.

XI

Da ragazzina avevo un problema serio con Zac Efron. Anche con Justin Bieber (per la gioia di Fede), ma questa è un'altra storia. Zac, dunque. Metà della mia cameretta era tappezzata di suoi poster, sognavo di diventare la sua ragazza. Finché è stato fidanzato con Vanessa Hudgens, protagonista al suo fianco di *High School Musical*, tutto bene; quando ha deciso di iniziare una relazione con Lily Collins, che con la East High School non aveva nulla a che vedere, ci rimasi malissimo. Mi rendo conto che sia irrazionale, ma ho vissuto proprio una sorta di lutto, come se il fatto che il povero Zac, che abitava a migliaia di chilometri da me, avesse una vita sua, privata, della quale non avrei mai fatto parte, fosse un inequivocabile segnale che era ora di lasciarlo andare, di cominciare a crescere.

Proprio perché sapevo quanto una situazione del genere potesse essere destabilizzante ero molto agitata quando

Fede, il 29 luglio, pubblicò una fotografia di noi due insieme. «Con una bella fanciulla in vacanza :).»

I social network non erano così diffusi né se ne faceva l'uso che, invece, se ne fa oggi quando a soffrire per le scelte sentimentali del mio idolo ero io: non era possibile e, dunque, concepibile, al tempo, scrivere direttamente all'incolpevole Lily Collins tutto quello che pensavo di lei. Lo era, invece, quando Lily sono diventata io e mi sono trovata a "rubare" il fidanzato ideale a migliaia di fan sfegatate innamorate di Fede.

È stato un disastro. Tra i numerosissimi «Bellissimi», «Vi adoro», «State benissimo insieme», che è stata una gioia leggere, c'erano anche parecchie frasi meno lusinghiere.

Ho riconosciuto i commenti delle fan che hanno scritto sull'onda di sentimenti analoghi a quelli che avevo provato io in passato: «@federicofederossi a me in vacanza non mi ci hai mai portata», «Sì però sei mio», «Io sto con Fede, l'importante è che lui sia felice, non dobbiamo scegliere noi per lui, le decisioni che fanno dobbiamo accettarle anche se non ci piacciono, l'importante ripeto è che loro siano felici», «Basta finalmente ha trovato la sua felicità. Federico io ci sarò sempre ma prima mi deve scendere giù questa cosa». Se ai miei tempi avessi potuto rivolgermi direttamente a Zac Efron, forse gli avrei scritto qualcosa del genere.

Poi c'erano i commenti negativi. O meglio, inutilmente crudeli.

«Non vuole te ma i tuoi $$$.»

«Così se la caga qualcuno.»

«Prima o poi troverai la ragazza giusta per te, lei è una donna molto furba.»

«Legami pro pubblicità.»

«Fate ridere.»

«Ah ti sei messo con la donna-plastica? Auguri.»

«Che pena.»

«Ciao io sono stra felice per te fede ma potevi anche trovarti un'altra fidanzata.»

«Fede ti sta rovinando la tua fanciulla.»

«@paodb ma non mi dire che stai con questo bimbo minkia.»

«La fanciulla dov'è, io nella foto vedo solo una vecchia rimbambita.»

«Vomitoh.»

«Io non ho nulla da ridire in merito a questa relazione, però una cosa è certa, non voglio che il mio idolo soffra, quindi ti prego @paodb non spezzargli il cuore… È troppo importante per me.»

«Che brutta.»

«Fé, ti voglio troppo bene, ma devi cambiare. Rivoglio il mio vecchio Federico, quello che una volta ogni tanto, anzi che dico, SEMPRE ci diceva un 'ti voglio bene'. Rivoglio indietro questo Federico. Puoi fare quel cazzo che ti pare perché hai quasi 25 anni, ma almeno pensaci, pensaci. Non sto giudicando nessuno, sto solo dicendo che devi cambiare.»

«Penso che tu ancora non te ne sei accorto, ma Paola ti sta accollata solo perché tieni i soldi e la porti in vacanza nei posti più costosi come hai fatto in Grecia. Poi aspetta ottobre che non ti ci sta più. Scemo, datti 'na svegliata un po'.»

Questa è una piccola selezione di quelli che si trovano sotto la prima foto di noi due insieme. Poi ci sono quelli sotto la seconda foto, che ho pubblicato io il giorno successivo. Visto il mood che dovevamo affrontare, ci siamo mostrati in posizione zen: gambe incrociate, mani con palmi aperti, pollice e indice uniti.

Pronti? Via!

«Fai cagà.»

«Io nn giudico nessuno soprattutto xké Paola nn la conosco, ma a me sta cosa puzza, però se Fede è felice a me va benissimo così e cmq basta insulti.»

«Ma vicino a lui sei attempata! Ahahah ridicolaggini. Ma perché? Ahahah mamma mia n'do sta la dignità x te? Ma il bello è che fai la finta santarella… finta ragazza della porta accanto!!! Ahahah ma poi chi saresti? Tu saresti vip? Seee, la vip dei chirurghi plastici!»

«Sembri sua mamma.»

«Io credo che dopo due giorni si lascino però vabbè.»

«Almeno di lui sei davvero innamorata?»

«Ma perché dire che non sono belli insieme solo perché è rifatta.»

«Vergognarvi.»

«Sembri la mamma. Apparte questo tutto OK.»

«Fess e che zoccl.»

«Paola e figlio.»

«Ne hai di fame figlia...»

«Ditemi che è uno scherzo... Ditemi che è la sua baby-sitter, vi prego...»

«Fate ridere. Si capisce lontano un miglio che tutto questo è una trovata pubblicitaria per far tenere in auge voi se no finite nel dimenticatoio. Tempo fine estate e vi lasciate.»

«Sei tutta di plastica. E vuoi solo i soldi.»

«Chi dei due è la donna?»

«Sembra il tuo fratellino piccolo.»

«Paola, ma cosa vai con un gay.»

«A me sinceramente fanno schifo, io sono una grande fan di Benji e Fede, ma da quando Fede sta con Paola li sto trascurando un po', a me fa schifo Paola e non so come Fede si possa essere messo con lei. Lei passa da ragazzo a ragazzo in un secondo per lei il vero amore non esiste, Fede si è fatto abbindolare da lei.

PAOLA È UNA BRUTTA PERSONA E SONO SICURA CHE A FEDE LO FARA ANDARE SULLA BRUTTA STRADA.»

«Purtroppo mi dispiace per Federico ma lei è solo in cerca di visibilità [...] pur di apparire su una copertina che si fa.»

«Chi sarà il prossimo?»

«Due giorni fa era là che se ne faceva uno, e ora se ne sta facendo un altro... ridicola.»

«Senza offesa Fede svegliati! Quella ti sta usando mi dispiace! Ma non mi piace 'sta coppia ragazze non mi insultate! Questo è il mio pensiero.»

«Che coppia oscena... ma come se faaaaaaaa.»

«Facit schif.»

«Paola ma fai beneficenza??!!??»

«Tra tutta la libera scelta che avevi ti sei preso @paodb mah.»

«Business Business doppio business.»

«In vacanza con la plastica.»

«Sembrano un po' incestuosi... lui sembra l'amico gay di tutti... A te un uomo ci vuole se no continui a fare solo le fusa e niente più.»

«Cambiare fidanzati come paia di scarpe.»

«Nooo dai... Nn ha neanche la barba ahahah sei troppo milf x lui, ma poi nn capisco cm si fa a cambiare completamente gusti.»

«Sei talmente rifatta che sembra che hai 50 anni, la mamma con il figlio.»

«E beh dai, il prox lo vai a prendere alle elementari????»

«Il principe e la ranocchia.»

«Soldi tanti soldi olè.»

«Imbarazzante come questa pagliacciata ti stia portando davvero più follower… svegliatevi per favore…»

La verità è che, a parte momenti davvero unici, come per me è stata la vittoria del *Grande Fratello* VIP, quando ho ricevuto una valanga vera e propria di messaggi, nella quotidianità si legge tutto. Magari non si risponde, perché è materialmente impossibile, però si legge. Soprattutto i commenti negativi, che hanno la caratteristica peculiare di brillare in mezzo agli altri.

Per le critiche ero corazzata. Benché la mia carriera televisiva fosse breve, mi era già successo che la mia vita privata fosse oggetto di discussioni pubbliche. Non l'avevo cercato in alcun modo ed era stato molto spiacevole, sia per me sia per la mia famiglia.

Questo però era diverso. Era uno *shit-storm* vero e proprio. Una «tempesta di fango», come si dice in gergo. Ricevere centinaia di insulti, il più dei quali sessisti, pesanti e superficiali, tutti in blocco, per giorni e giorni e giorni, sui profili che si utilizzano per lavorare, è stato molto destabilizzante. È una forma di prepotenza che non conoscevo in prima persona e che mi ha fatto male. Mentirei se dicessi altrimenti. Mi dispiaceva poi che Fede stesso ne fosse destabilizzato: perché se io ne soffrivo lui ne soffriva. Se lui ne soffriva io a mia volta mi sentivo male, ma proprio non potevo fare altrimenti: alcuni messaggi erano davvero pesanti da leggere, più di quanto fossero pesanti da scrivere. Chi digita «Fai schifo» o «Non ti meriti niente dalla vita» impiega quattro secondi, chi legge impiega quattro ore a cercare di passare oltre.

Fede e io parlammo molto di questo argomento, in quello spicchio d'estate e nelle settimane successive: la tempesta non accennava a calare. In autunno, la situazione era ancora invariata. Tant'è che, quando Fede mi chiese di raggiungerlo a Modena per presentarmi la sua mamma, Morena, e il suo compagno, Daniele, sperai che almeno lei non la pensasse come le fan. Morena è una bellissima donna: mora, con due occhi azzurri identici a quelli del figlio, ha uno sguardo capace di scaldare il cuore. La intercettai da lontano, mentre Fede e io attraversavamo mano nella mano piazza del Duomo, a Modena: Morena e Daniele ci aspettavano a un tavolino di un bar, con due sorrisoni pieni di denti. Imbarazzata come poche volte nella mia vita, piena di timori, scoprii con gioia che Daniele era un mio fan e venni presa sotto l'ala da Morena, che dopo dieci minuti ci guardò e ci disse: «Ragazzi, stra-fregatevene. Se avete capito che vi volete bene, che volete stare insieme, basta. Tutto il resto non conta». Aveva ragione lei, quella era l'unica cosa da fare, ma era anche molto, molto difficile.

A fine agosto Fede intervenne direttamente per chiedere alle sue fan di rispettare le sue scelte private, oltre a quelle musicali. «Se apprezzate me, dovete accettare le mie scelte.» Quella presa di posizione sortì qualche effetto, ma la vera cura per le paure delle fan di Fede – che lo facessi soffrire, che lo tradissi, che lo distraessi dalla musica, che lui cambiasse rimanendo al mio fianco – è stato il tempo. Perché non è successo nulla di tutto quello che avevano temuto. Non l'ho portato via dalla musica né da loro. E noi due siamo ancora qua. Eh già.

XII

Ebbene sì, ho visto in faccia la Gialappa's Band. Prima, però, li ho sentiti al telefono. Un giorno mi hanno chiamato, così, all'improvviso: «Stiamo pensando a un format nuovo per Italia 1, ci servirebbe una figura come la tua e ci piacerebbe coinvolgerti».

Se la Gialappa's Band si era accorta di me e si prendeva il disturbo di telefonarmi, qualcosa di buono dovevo averlo fatto. "Dai che sei sulla strada giusta!" mi dissi, e andai a conoscerli.

Il colloquio fu esilarante. "Partiamo alla grande" pensai.

Il ruolo che avrei dovuto ricoprire non aveva ancora una fisionomia chiara, ma il programma prometteva benissimo: sarebbe stato un talk show satirico presentato dal Mago Forest, Greta Mauro e Stefania Scordio. Insieme a loro in studio ci sarebbe stato un parterre di opinionisti, ognuno proveniente da un contesto diverso: l'ambiente musicale, la rete, il mondo della comicità, della letteratura...

Accettai e, per la prima volta, mi sentii una professionista consumata: quando lavoravo a TVA Vicenza indossavo i miei vestiti, a *Mai dire Talk* avevo un camerino con il mio nome sulla porta, potevo permettermi di pagare un parrucchiere, una truccatrice e addirittura una stylist, che mi procurava look adatti a me negli show-room di Milano. Era un sogno che stava prendendo forma.

Un giorno Fede venne ad assistere alle registrazioni. La sera, quando rientrammo nella mia minuscola casa, si buttò sul divano con un enorme punto interrogativo in volto. «Perché hai accettato di fare questo programma?» mi chiese.

«Come perché? È un format nuovo della Gialappa's Band, va in onda in prima serata su Italia 1... mi sembrava un'opportunità.»

«A me sembra che meriti di più» commentò Fede. «Lì stai più che altro seduta a farti ammirare, ma non sei solo bella da guardare: devi trovare il modo di esprimerti per quello che sei, dire cosa pensi. Di belle ragazze ce ne sono mille, ma tu puoi dare molto di più.»

Fede faceva riferimento al fatto che non avevo un ruolo chiaro: non ero la conduttrice, non ero la valletta né un'opinionista vera e propria. Dal mio punto di vista, però, quando si cerca di creare qualcosa di nuovo, è normale che ci sia qualche incertezza iniziale. Ero sicura che il problema – se di problema si può parlare – fosse quello. Sentendomi punta nell'orgoglio, pur capendo perfettamente che cosa Fede cercasse di dirmi, rimasi sulla mia posizione.

Detesto l'etichetta di "bella statuina". Eppure, nonostante tutto il parlare di emancipazione femminile e parità dei diritti, le donne spesso vengono considerate solo per la loro forma fisica, nulla di più. Troppe volte mi è capitato di esprimere un parere o di proporre una discussione su un argomento serio e di vedere il mio interlocutore sorridere per poi farmi notare che, avendo il seno e un sedere fotogenico, da me ci si aspetta che taccia. Non è stato il caso di *Mai dire Talk* (che, peraltro, era condotto da due donne, oltre al Mago Forest), ma avendo uno sguardo privilegiato sul mondo televisivo non posso non notare che spesso le donne, per arrivare a condurre un programma, devono superare mille ostacoli che gli uomini nemmeno si pongono. Uno di questi è senza dubbio una sovra-rappresentazione del sesso maschile in ambito dirigenziale: affinché una professionista donna arrivi a condurre il *Festival di Sanremo*, per fare un esempio che tutti conoscono, è necessario che una dozzina di dirigenti, nella stragrande maggioranza uomini, decidano di puntare su di lei. Penso che questa sia parità solo a parole, ecco tutto. E che le donne siano arci-stufe di essere confinate nel ruolo di "belle statuine". Per questo mi sono così risentita quando mi è sembrato che Fede mi avesse visto comportarmi in quel modo.

Quella sera andammo a letto arrabbiati, anche se in fondo eravamo d'accordo, perché entrambi desideravamo per me la possibilità di far sentire la mia voce.

Questa cosa è successa anche grazie a *Mai dire Talk*: tra novembre 2018 e gennaio 2019, il periodo in cui il programma è andato in onda, i miei profili social sono letteralmente decollati.

Allora raccontavo la mia vita in modo molto semplice e spontaneo, ma mi resi conto che un simile patrimonio di follower (sarebbero diventati un milione dopo pochi mesi, in aprile) portava con sé delle responsabilità.

Da una parte nei miei confronti: non potevo più permettermi errori. Se fossi stata poco chiara o poco coerente, se avessi lanciato messaggi confusi, avrei danneggiato la mia immagine ovvero ciò per cui avevo lavorato con così tanto impegno.

D'altra parte, ho cominciato a sentirmi responsabile per chi mi segue. Per questo scelgo con la massima cura i messaggi che voglio dare, i brand da sostenere. So bene che parte del mio pubblico è molto giovane: quando ero adolescente leggevo «Cioè» e desideravo i jeans o il vestitino indossato da Miley Cyrus; oggi le ragazze all'uscita da scuola cliccano su un'icona sullo smartphone e magari finiscono sul mio profilo Instagram. Ogni giorno in tante mi chiedono consigli di ogni tipo: sull'abbigliamento, sul make-up, su come comportarsi con un ragazzo, sui loro problemi famigliari. Quasi come stessero parlando a una sorella più grande o a un'amica. Quando leggo questi messaggi una parte di me ha paura di dare il consiglio sbagliato, di trasmettere un messaggio sbagliato. Perché sono molto protettiva, voglio che tutti stiano bene. Quindi faccio quello che è in mio potere per assicurarmene, prima di tutto selezionando con la massima attenzione i prodotti da sponsorizzare: se dovessi dire in una story che una crema inefficace fa scomparire i brufoli, e mostrarmi entusiasta, parte delle mie follower potrebbe comprarla e ritrovarsi magari con venti euro in meno nel portafoglio e l'acne intatta. Sarebbe come tradirle, una scorrettezza: non lo voglio.

È stato evidente per me, in quel momento, che dovevo studiare per capire come utilizzare al meglio quegli strumenti potentissimi che sono i social network. Il mio "peso specifico" sulla rete era dovuto semplicemente e in larga parte alla mia popolarità televisiva. Infatti il numero dei miei follower era cresciuto a ondate, in concomitanza con le mie apparizioni. Non avevo una formazione specifica per gestire profili così nutriti, non avevo idea di come integrare il lavoro con il racconto della mia vita, e di dove esattamente posizionare il confine: dove finiva @paodb e dove iniziava Paola?

Ho cominciato così a lavorare come influencer, una parola che non amo (non passo tutta la mia giornata a pensare a come "influenzare" la gente), ma finora non sono riuscita a trovarne una migliore.

Dai primi mesi del 2019, questo è comunque il mio impegno principale. Il sogno di fare televisione è rimasto e mi accompagna: da allora ho preso parte a diversi programmi e trasmissioni, principalmente come ospite, ma la mia agenda è zeppa più che altro di appuntamenti con brand e fotografi.

Quando sono a Milano, cioè praticamente sempre, dopo la prima colazione vado in palestra, così mi tolgo il pensiero (allenarmi non è la mia passione...). Poi produco contenuti con i consulenti della mia agenzia, mi preparo per lo shooting quotidiano, scrivo testi, valuto progetti nuovi, conosco potenziali partner con cui avviare collaborazioni... Leggo i commenti e rispondo. Non sembra un lavoro "vero"? Capisco: quella dell'influencer è una figura nuovissima, anche i miei genitori fanno fatica a capire esattamente cosa faccia. Però è un mestiere: di solito il mio tempo di utilizzo dell'iPhone supera le sette-otto ore quotidiane, una giornata lavorativa. Di fatto sono sempre attaccata al telefono.

Sembra che stia cazzeggiando, in realtà sto tentando di rispondere a tutti (cosa impossibile), cerco spunti, studio le scelte editoriali compiute da altri, cerco di mantenermi al passo. A volte la sera mi sento un po' rincitrullita: quando alzo gli occhi ci metto qualche secondo a capire dove sono e cosa devo concretamente fare per mandare avanti la mia vita – uscire a fare la spesa, preparare la cena, comprare ciò che manca in casa... Su tutto ciò che ha a che fare con la conduzione domestica ero poco pronta anche prima di avviare un'attività da influencer, ma come direbbe giustamente mia madre: non è detto che non sarei così comunque.

> “CALARE I SOGNI NELLA REALTÀ A VOLTE SIGNIFICA ACCETTARE DI DEVIARE DAL PERCORSO CHE AVEVAMO IMMAGINATO, ESSERE CREATIVI. MAGARI LA STRADA CHE ABBIAMO SEMPRE AVUTO IN MENTE È MOLTO TRAFFICATA E TEMPESTATA DI CANTIERI: NON È MEGLIO, ALLORA, PROVARE A CERCARE UNA VIA SECONDARIA SULLA QUALE SCORRERE PIÙ RAPIDI E, MAGARI, SCOPRIRE ANCHE NUOVI PAESAGGI?”

Mi piace la mia vita? Tantissimo. È quella che sognavo? No. Non avrei neanche potuto, dieci anni fa, immaginare che questo mestiere esistesse, figuriamoci desiderarlo. Tuttavia, per quanto sia la prima a continuare a perseguire i miei sogni, credo sia importante imparare anche ad assecondare la realtà e a essere creativi, quando serve. Non è detto che per raggiungere il nostro obiettivo sia necessario percorrere per forza la strada che abbiamo sempre avuto in mente. Magari quella strada è molto trafficata e tempestata di cantieri: non è meglio, allora, provare a guardarsi intorno e cercare di individuare una via secondaria sulla quale poter scorrere più rapidi e, magari, scoprire anche nuovi paesaggi?

XIII

Federico è una delle persone più divertenti che conosca. Mi fa ridere tantissimo, come non mi era mai successo. Ci capiamo al volo, spesso senza nemmeno parlare. Bastano due sguardi. Dal primo giorno parliamo per ore senza stancarci: ci bastano due bicchieri di vino e il tramonto di fronte a noi diventa notte, poi alba.

Abbiamo in comune trascorsi non idilliaci con la scuola, famiglie solide e attente alle spalle, un'infanzia super felice in città a dimensione d'uomo, sogni che spingono per uscire dai cassetti e grandi sfide davanti. La determinazione, la tenacia, la passione. La fame per i traguardi che ancora ci aspettano: entrambi ci sentiamo appena all'inizio. I nostri percorsi si assomigliano: siamo riusciti ad affermarci nei rispettivi ambiti senza una base di contatti alla quale attingere, ma facendo leva sulle nostre sole forze.

Non mi era mai capitato, prima di lui, di sentirmi così in sintonia con un ragazzo. Fede e io ci capiamo perché abbiamo le stesse aspettative e problemi simili: sebbene in modi diversi, entrambi cerchiamo quello migliore per relazionarci con il nostro pubblico; conosciamo l'adrenalina che si prova nel momento in cui le luci si accendono e si va in scena; dobbiamo gestire una vita privata e una mediatica; siamo continuamente sottoposti a critiche e giudizi da parte dei rispettivi follower, e non solo per scelte artistiche o professionali. Se io fossi quella che sono e lui facesse il dottore, oppure lui fosse quello che è e io un'archeologa, comprendersi sarebbe molto più difficile per entrambi.

Questa alchimia ci ha permesso di aprirci molto l'una con l'altro. È una cosa che non è accaduta subito, ma piano piano, nel tempo e, forse, per questo, ancora più preziosa.

Quando ci siamo conosciuti Fede recitava la parte dell'uomo indistruttibile, quello che nulla e nessuno può scalfire.

L'avevo sgamato subito: il suo volermi dimostrare di non aver bisogno di niente, mentre gli occhi dicevano l'esatto contrario, è una delle cose che mi ha fatto innamorare. Era come se mostrarsi fortissimo, bellissimo, in grado di permettersi agi allora per me inaccessibili, fosse una sorta di strategia per attrarmi ancora di più, per assicurarsi di piacermi. Un modo per dirmi: "Ehi, tu, mi piaci, voglio che tu lo sappia". Perché non me ne andassi.

Tutto quello sforzo era piacevolissimo, ma superfluo. Con me non doveva fare altro che essere se stesso: ero già cotta come una pera al primo messaggio!

Credo di aver cominciato allora a intravedere che Federico aveva un'anima delicata, indifesa, bisognosa di cure e di affetto più di quanto desiderasse far vedere al mondo esterno. O, forse, più di quanto immaginasse lui stesso.

L'ho sempre saputo che Fede ha un tratto fragile. È la fonte della sua creatività, della sua sensibilità artistica e umana. Lo amo anche per questo.

Avere cura di un simile tesoro però non è sempre semplice.

Nei mesi in cui registravo *Mai dire Talk*, lui attraversava un inverno dell'anima. Per certi versi, risale ad allora la sua consacrazione come personaggio pubblico: dopo aver militato tra le fila dei musicisti esordienti, aver avuto successo come artisti, lui e Ben si sono trovati esposti, tutti i giorni, come conduttori di *X Factor Daily*. Una figata, ma anche una grande prova. E, di conseguenza, un enorme stress.

Credo sia stato allora che, per resistere alla pressione, Fede ha inconsapevolmente scavalcato la parte più vera di sé nel tentativo di coincidere con l'idea dell'artista affermato che aveva in testa. Come "l'uomo di Paola" doveva secondo lui avere certe caratteristiche, che lui si sforzava di interpretare, così "il Federico di successo" doveva essere sicuro di sé al cento per cento sempre, indistruttibile, senza dubbi, senza incertezze. Questione di insicurezza, di umanissima paura del futuro, di non sentirsi all'altezza delle situazioni – ora è evidente a lui ed è evidente a me. Ma in quei mesi nessuno dei due capiva che cosa gli stesse succedendo.

Nel tentativo di sentirsi più forte, si mostrava diverso da quello che in realtà era, solo che comportandosi così si era come disunito: da una parte il professionista, dall'altra l'uomo. E lo spazio riservato a quest'ultimo era sempre più piccolo. Io non comprendevo questa dinamica fino in fondo, e di conseguenza non ero in grado di aiutarlo. Non come avrei voluto. Per una con il mio carattere, ossessionata dal pensiero di supportare le persone care, di risolvere tutti i loro problemi, di proteggerli quando più ne hanno bisogno, non essere in grado di aiutare il proprio fidanzato, la persona con cui condividevo l'idea di futuro, era una specie di incubo dal quale non riuscivo a svegliarmi.

La mia generazione è convinta che non riuscirà mai a trovare l'anima gemella. È come se tutti fossero delusi dall'amore prima ancora di averlo sperimentato e considerassero la solitudine uno stato consolidato. Le ragazze ritengono gli uomini traditori seriali, i ragazzi si dicono convinti che le donne siano tutte arriviste in cerca del compagno ricco che possa mantenerle. Risultato: per prevenire la delusione, nessuno si dà mai la possibilità di provare ad andare oltre la scappatella di una notte. Di certo se non si scende mai sotto la superficie non si soffrirà, ma di tutte queste nottate, questi incontri fugaci, che cosa rimane? Niente, se non una patina sempre più spessa di disillusione. Spesso chi decide di mettersi insieme si lascia al primo malumore, per tornare a rintanarsi in queste convinzioni limitanti e rassicuranti al contempo.

Secondo me ogni rapporto ha bisogno di cura, di pazienza. Penso ai miei nonni materni, sposati per cinquant'anni, che hanno avuto sette figli, affrontato la guerra… Penso ai miei genitori, insieme da trent'anni: vuoi che non abbiano avuto anche loro qualche momento di difficoltà?

> “Tutto nella vita ha bisogno di cura e di pazienza. Anche l'amore.”

Hanno cominciato a frequentarsi alle superiori: mamma era in classe con Angela, la sorella del mio papà, e lui ha iniziato a farle la corte. Aveva una moto con cui la portava a fare dei giretti nei dintorni. Parlavano pomeriggi interi, di tutto: delle loro storie, delle famiglie, dei loro sogni... Dei loro sentimenti, in compenso, poco: pensate che mio padre mi ha confessato che la risposerebbe mille volte, ma non gliel'ha mai detto! In ogni caso, più si frequentavano, più si piacevano. Un giorno, seduti vicini sulle scale della chiesa, si sono presi inavvertitamente la mano. Mia madre ama raccontare che in quel momento si sono guardati e si sono resi conto di essere follemente innamorati.

La loro strada non è stata sempre dritta e sgombra: come tutti, hanno avuto momenti impegnativi. All'inizio della loro storia furono costretti a separarsi perché mio padre si trasferì con la famiglia a Vicenza; hanno costruito da zero una vita in una città e una regione in cui non conoscevano nessuno; hanno fatto dieci lavori a testa; hanno cresciuto due gemelli... E oggi si amano come due teenager. Nei fine settimana vanno a passeggiare mano nella mano sul lago di Garda, poi si fermano a mangiare nelle trattorie in collina. Il sabato pomeriggio mia madre adora fare shopping per la casa: all'inizio mio padre era molto restio a seguirla, non provava interesse alcuno per la nuova statuina da giardino o il nuovo vaso per il tavolino del soggiorno, ma nel tempo, per condividere quel momento con lei, si è appassionato. Adesso decorano la casa insieme, a seconda delle stagioni, con gli uccellini e i boccioli di fiori in primavera, le uova e i coniglietti a Pasqua, fiori rossi e cristalli di ghiaccio a Natale.

I miei sono per me un esempio luminoso: anche a me piacerebbe arrivare alla loro età con un amore così vivo e acceso! È così che, secondo me, bisognerebbe riuscire a fare.

Non che sia facile, ma è possibile: negarsi anche la sola possibilità per paura o per inerzia mi pare invece l'unico modo sicuro per non riuscirci mai.

Non voglio dire che ogni rapporto dovrebbe essere duraturo, per carità: trascinare relazioni ormai spente ha senso tanto quanto non iniziarle. Credo però che bisognerebbe ricordarsi che i momenti bui sono inevitabili, fanno parte della vita, e li attraversiamo continuamente: sul lavoro, in amicizia, in amore. Posto che questi frangenti ci toccheranno, a fare la differenza secondo me è come scegliamo di comportarci. Io amavo Fede, volevo prendermi cura di lui e del nostro rapporto, volevo provare a uscire da quell'impasse rafforzata come donna, e che lui ne uscisse rafforzato come uomo. E così noi, come coppia. È quello che ho provato a fare.

Dopo aver tentato varie strade, un weekend l'ho preso e portato via. In montagna. Qualche giorno lontano da tutto. Sulla neve abbiamo riso come bambini, sperimentato lo snowboard, ci siamo abbronzati il viso e abbiamo patito il freddo ai piedi. Eravamo solo noi, Fede e Pao, due ventenni innamorati.

È stata una specie di svolta, che ha portato cose buone.

Nelle settimane successive, complice anche una nuova energia creativa, Fede ha ricominciato a guardare al mondo con più ottimismo e motivazione. Abbiamo organizzato un viaggio fantastico, il nostro primo viaggione all'estero: quattro giorni ad Abu Dhabi, poi Maldive.

Non siamo partiti benissimo perché io ho il terrore di salire sull'aereo. Ci sono poche cose che amo fare tanto quanto viaggiare: è una passione molto recente (credo che i miei genitori non siano mai nemmeno usciti dall'Italia), e forse per questo ho così tanta fame e curiosità di vedere posti nuovi. Questo per dire che sull'aereo ci voglio salire eccome ma poi, quando sono seduta nella mia poltroncina vista finestrino, e avverto anche solo una lievissima turbolenza, mi vengono gli attacchi di panico e penso che quel volo sia l'ultimo. Scoppio a piangere a singhiozzi, mi aggrappo al braccio di chiunque abbia di fianco e imploro la sua rassicurazione. Fede ormai si è abituato e non si sconcerta più di tanto, ma si limita ad accarezzarmi la testa e a ripetermi che presto atterreremo e sarà tutto bellissimo.

Quella volta andò esattamente così, solo che le turbolenze durarono piuttosto a lungo. Diciamo per tutto il volo. Tra l'alzataccia per arrivare in aeroporto e la mia fobia dell'aereo, all'atterraggio eravamo entrambi distrutti. L'hotel ci sembrava un miraggio quando finalmente apparve di fronte a noi. Il receptionist però ci informò che, purtroppo, per quella struttura c'era stato un overbooking e che ci avrebbe spostato in un'altra, migliore.

In un'altra situazione avrei risposto "Wow! Un albergo ancora più bello di questo!", in quella mi uscì solo: «Cosa?!».

Il receptionist cominciò a sciorinarmi tutti i motivi per cui eravamo stati molto fortunati: «Sarete direttamente sul mare, in un hotel più lussuoso, il tutto ovviamente senza sovrapprezzo... Se poi non dovesse piacervi vi troveremo un'altra sistemazione ancora».

Leggermente rincuorati, partimmo alla volta della nostra nuova destinazione, per scoprire che in effetti il receptionist avere ragione: era fantasmagorico! Un resort strepitoso proprio sulla spiaggia di Abu Dhabi.

Una sera, mentre stavo riempiendo la vasca da bagno prima di andare a cena, mi sono affacciata sul terrazzo: il sole stava tramontando, il cielo era rosso fuoco, il mare luccicava di fronte a me. Nella camera alle mie spalle c'era l'uomo che amavo, la mia vita in Italia stava andando nella direzione che speravo... Mi sono commossa. "Cos'ho fatto per meritarmelo?" mi sono chiesta. Sapevo che era tutto vero, ma mi sembrava comunque troppo bello che io, da sola, fossi riuscita a trovarmi in quel momento di fronte a tanta bellezza, felice con il mio fidanzato, realizzata professionalmente. Sono stata invasa dalla gratitudine, che ha lavato via tutti i malumori che Fede e io – nonostante tutto – continuavamo a vivere.

> "LA GRATITUDINE
> LAVA VIA IL MALUMORE,
> I RANCORI, LE TOSSINE EMOTIVE.
> È UN SENTIMENTO
> PURIFICATORE."

La sera prima di partire per le Maldive litigammo pesantemente. Il motivo esatto non lo ricordo nemmeno. Il problema alla base, comunque, era sempre lo stesso: la corazza di Fede, che lo proteggeva sì dal mondo esterno, ma tagliava fuori me. Vedere che soffriva e non riuscire a capire perché mi addolorava e mi faceva arrabbiare al contempo. Finivamo per darci a vicenda colpe che non avevamo, ottenendo l'unico risultato di allontanarci.

Il giorno dopo salimmo sull'aereo per le Maldive separati. Io lo raggiunsi con il primo pullman, lui con il secondo. Nel breve momento intercorso tra l'arrivo mio e suo, ebbi persino il dubbio che mi avesse piantato lì da sola. Per fortuna non lo fece: dopo non esserci parlati per quattro ore, ci riavvicinammo per via dell'ennesima turbolenza. Cominciai a singhiozzare, mi strinsi nel cappuccio della felpa e accucciata sulle sue gambe, come a dire: "Non mi interessa che abbiamo litigato, non ha importanza, per favore proteggimi". Fede cominciò ad accarezzarmi come niente fosse, e continuò anche sull'idrovolante che ci portò sul nostro atollo.

La mattina dopo mi svegliai con una melodia in filodiffusione che ricordava la colonna sonora di uno spot pubblicitario anni Sessanta, sulla quale Fede aveva inciso un messaggio: «Buongiorno principessa! Lo so che ultimamente non siamo andati d'accordo, ma io ti amo! Siamo in un posto pazzesco, non possiamo non divertirci!». Una parte di me voleva strozzarlo, l'altra cominciò a ridere senza riuscire a fermarsi. Dieci minuti e stavamo entrambi cercando di lasciarci tutto alle spalle.

Questa vacanza fu una delle esperienze più pazzesche della mia vita. Ogni sera, al tramonto, ci sedevamo fianco a fianco sulla spiaggia a raccontarci. Non avevamo mai parlato tanto. Più io mi aprivo, più lui si apriva, più i fantasmi con cui avevamo a che fare parevano un lontano ricordo.

Al ritorno Fede se ne uscì con: «Bisogna tatuarsi questa vacanza».

«Che bello! Cosa vuoi tatuarti?»

«Ah, perché tu non vuoi tatuartela?»

«Non avevo capito che stessi parlando di farci un tatuaggio uguale. Guarda che è impegnativo, ti resta per tutta la vita...»

Di tatuaggi certamente Fede è più esperto di me. Io non ne ho tantissimi. Ho dei fiori bianchi e neri sulla nuca che risalgono ai miei diciotto anni, più che altro per principio. Da ragazzina mi ero fissata di volere un tatuaggio. «Senza non mi sento completa» dicevo a mio padre per convincerlo. Lui, con grande tranquillità, mi invitava a riflettere: «Sei ancora troppo piccola Paola, un tatuaggio ti rimane attaccato per sempre...» Per ripicca, gli rispondevo che sarei andata a tatuarmi appena compiuti diciotto anni. Come mio padre aveva pronosticato, oggi se potessi quel tatuaggio lo cancellerei, ma allora mi rese molto felice. Un tatuaggio al quale invece sono legata è quello che condivido con mia zia Salvina, la sorella della mia mamma, con cui sono cresciuta: è una farfalla che in un'ala ha la mia iniziale e nell'altra la sua.

Quella volta, comunque, Fede ha insistito: «È vero che i tatuaggi rimangono per sempre, Pao, ma questa è stata una vacanza così bella che io me la voglio tatuare, e sarei felice se ce la tatuassimo insieme». Era una proposta così romantica che, con una faccia da pesce lesso, gli risposi subito sì, e andammo a tatuarci un'immagine che simboleggia il viaggio con la scritta *Good vibes*. In realtà il testo è più complesso: il "Good" viene da "Goodbye", ma il "bye" è cancellato, come a dire che non è tempo di saluti, ma solo di *good vibes*, vibrazioni positive.

XIV

Mancava poco alla Pasqua quando rientrammo in Italia.

Un giorno Fede mi propose: «Che ne dici se facciamo un salto in Sicilia? Ci terrei tanto a vedere il paesino dove sono nati i tuoi...»

«Wow, che pensiero carino! Però, Fede, considera che è un paesino talmente piccolo che ho praticamente parenti in ogni strada. Rischi di venire assalito tutti i momenti da orde di fan: non è così usuale che un personaggio famoso vada a visitare Castronovo di Sicilia. Già io sono super famosa, per loro, figurati tu!»

«Non ti preoccupare» mi rispose, «ci tengo».

E così, quell'anno, festeggiammo la Pasqua con la mia famiglia, ovvero una trentina di persone, tutti mori con gli occhi scuri e la pelle olivastra, super incuriositi da Federico, che tra loro spiccava come una mosca bianca, con i suoi capelli biondi e gli occhi azzurri. Era completamente dissonante.

Al pranzo di Pasqua mangiammo come se non ci fosse un domani: sarde in tutte le salse, pasta al forno, cardi in pastella, i formaggi tipici del luogo, cannoli e sfogliatelle… I miei genitori erano collegati da Vicenza in videochiamata.

Nel pomeriggio andammo a fare il giro dei parenti che non avevamo ancora incontrato, accompagnati da cugini di primo, secondo e terzo grado, più un nugolo di bambini: sembravamo una coppia di fidanzati che va a consegnare le partecipazioni di nozze… I vicini di casa, sentendo la confusione, si affacciavano alle finestre e cercavano di collocarmi nell'albero genealogico del paese: «*Ma tu a cu appartieni?*» «Ad Antonella e Nino…» rispondevo, mentre Fede capiva a stento in che lingua stessimo parlando.

Durante quell'immersione nella mia enorme famiglia, al mio fianco ho riavuto il Fede che conoscevo, del quale mi ero innamorata. Dopo mesi complicati, mi sono ritrovata a pensare che, forse, era tutto a posto. Sapevo che non era possibile, ma volevo illudermi che le cose si fossero risolte da sole, senza che noi facessimo nulla di particolare a parte trascorrere un weekend in montagna e fare un viaggio bellissimo. Ovviamente, non era così.

Un giorno Fede entrò in studio con Ben e un gruppo di amici e produttori e uscì con una canzone che aveva il sapore dell'estate. *Dove e quando*. La prima volta che la ascoltai mi commossi: era la parte più divertente di lui, fatta ritmo e melodia.

Tutto perfetto? Proprio il contrario. In preda a una sorta di euforia, Fede cominciò a bere più del dovuto. Subito non me ne accorsi, pensai che avesse solo voglia di fare festa, dopo i plumbei mesi passati. Man mano che le settimane passavano e che questi episodi si ripetevano, mi resi conto che c'era anche qualcosa d'altro: non si trattava solo di viversi un paio di serate con troppa leggerezza, ma di utilizzare i drink per mascherare una sofferenza che, per quanto ne sapessimo, ancora non aveva un nome.

Provai a parlargli, ma si era già richiuso nella sua corazza. Trincerato dietro una facciata che non gli apparteneva si sentiva protetto, al sicuro. Invincibile. Io non volevo privarlo della sua sicurezza, ma solo aiutarlo a venir fuori da quella che era a tutti gli effetti una gabbia che si era costruito intorno. Non era un desiderio solo mio: anche la sua mamma, anche Ben e altri amici avevano visto che qualcosa non andava e stavano provando ad aiutarlo. Tutti, però, venivamo allontanati. A volte anche in malo modo.

Con il disco in uscita, la canzone in testa alle classifiche, gli eventi da preparare, i concerti da organizzare, Fede era comprensibilmente molto preso dal lavoro. Il poco tempo a disposizione per noi lo passavamo discutendo per qualsiasi scemenza, continuamente. Poi facevamo pace, poi litigavamo ancora e facevamo pace un'altra volta. A volte le nostre liti finivano in maniera disastrosa, con me in lacrime e lui che se ne andava sbattendo la porta.

Che la sera fossimo già riconciliati oppure distanti, quando rientravo a casa mia mi buttavo sul letto disperata: non capivo quale fosse il problema e perché il nostro rapporto fosse cambiato così tanto dai primi tempi, in cui ci bastava uno sguardo per essere felici.

Ci ho provato e riprovato. Ma era estenuante. Al punto da farmi pensare che, forse, la cosa migliore fosse separarci. Se Fede aveva deciso di rinunciare al ragazzo che era per vivere il suo successo così era libero di farlo, anche tagliandomi fuori. Ma in quel modo per me era impossibile stargli vicino. Lo amavo con tutta me stessa, ma che cos'era diventato il nostro rapporto? L'immagine sbiadita di quello che insieme avremmo potuto essere.

Non volevo finire per comportarmi come una mamma premurosa: Fede una mamma ce l'aveva, anche molto in allerta. Né volevo trasformarmi nella baby-sitter che lo segue alle serate e cerca di moderarlo: era un adulto in grado di fare da solo le sue scelte. Questo per me faceva la differenza: se una persona si vede tendere decine di mani e sceglie di non afferrarne nemmeno una (non per forza la mia) significa che ha preso una decisione. Rispettarla, a volte, significa allontanarsi. Non è una fuga, è maturità rendersi conto del fatto che a volte è meglio, per il bene di tutti, fare un passo di lato. Anche se costa tanto, in dolore.

> “Le scelte degli altri devono essere rispettate sempre. Anche quando ci impongono di fare un passo di lato. Anche se fa male.”

Agli inizi di giugno, Fede era in un hotel a Milano. La sera avrebbe cantato all'Arena di Verona, ai *Seat Music Awards*. Andai a trovarlo, presi coraggio e gli dissi la verità: che non ce la facevo più, che lo trovavo molto cambiato, che faticavo a riconoscerlo. Non era più la persona che avevo conosciuto. La situazione per me era diventata insostenibile e gli chiesi una pausa di riflessione.

Che fosse l'inizio di una fine era evidente a me quanto a lui. Il momento di pausa ci può stare dopo vent'anni di convivenza: dopo un anno di relazione, con lui che viveva a Modena e io a Milano, tutti e due sempre in viaggio per lavoro, da che cosa ci saremmo presi una pausa, esattamente? Era un pretesto per allontanarmi, perché di dirgli "lasciami andare" il coraggio proprio non ce l'avevo. Mi faceva troppo male, perché nel bene e nel male lui continuava a essere la persona cui tenevo di più. Semplicemente, mi chiedevo se ancora esistesse, quella persona, dentro il ragazzo che avevo davanti.

Fede scoppiò a piangere. «Com'è possibile? Mi molli proprio adesso che devo salire sul palco?» Le sue parole, le sue lacrime, mi fecero morire dentro. Ma non potevo tirarmi indietro. Altrimenti tutta quella fatica di riprendere il bandolo della matassa non sarebbe servita a niente.

Me ne andai dopo qualche minuto. Mi guardai intorno e Milano mi sembrò un deserto nel quale non sarei mai riuscita a sopravvivere, per conto mio. Non volevo passare la serata da sola. Telefonai a un'amica, che mi invitò a raggiungere lei e il suo fidanzato all'Arco della Pace. Mi sedetti con loro a un tavolino e rimasi per ore con un sorriso finto appiccicato sulla faccia, a cercare di ignorare il fatto che la mia amica e il suo fidanzato si baciassero e si sfiorassero le mani ogni tre minuti, e a tentare di convincermi che tutta quella sofferenza fosse fisiologica ma passeggera. Non riuscivo a dare una spiegazione al cambiamento di Fede, quindi mi dicevo: "È finito l'amore. Lui è preso dal lavoro e non c'è più spazio per me. Ma non è colpa sua: io, d'altro canto, non sono in grado di stargli dietro. Sto da cani, ma ho fatto la scelta giusta. Va bene così, è giusto così".

La mattina dopo, in agenzia, due persone che lavorano insieme a me mi mostrarono i filmati dell'esibizione di Fede. Era alterato. Immagino che le persone sotto il palco non se ne siano rese conto, che abbiano visto solo l'animale da palcoscenico che è, in grado anche di rimediare una situazione così complessa, ma io, conoscendolo, me ne resi conto. La sera prima ero talmente sicura della mia decisione, così granitica nella convinzione di aver fatto bene, che non avevo versato nemmeno una lacrima. Tutti i miei "va bene così", "è giusto così" si dissolsero in quell'istante e cominciai a piangere e a singhiozzare, incapace di riuscire a fermarmi.

La sera ero da sola a casa, mi telefonò mio padre. «Paola, tu lo sai, io non mi sono mai immischiato negli affari tuoi, ma devo dirti una cosa. Non tanto da papà, ma da persona adulta che guarda te e Federico dal di fuori. Secondo me Federico non sta bene. Se provi ancora qualcosa per lui o gli hai voluto bene, dovresti cercare di capire perché. L'ho visto ieri sera sul palco, lo vedo dalle sue stories che non è in sé. Non è lui, quello. Secondo me, prima di prendere delle decisioni irrevocabili, dovresti provare a capire che cos'ha.»

Mi si accesero mille lampadine. Fino a quel momento credevo che Federico volesse semplicemente godersi il successo della nuova hit senza avere una fidanzata accanto. Che volesse un po' strafare con leggerezza, senza legami. Non avevo realizzato che potesse vivere un conflitto interiore di cui non era del tutto consapevole. Secondo mio padre era così: Federico non stava bene e quell'esplosione di successo stava solo complicando una situazione già preesistente.

Lo tartassai di telefonate. Una dietro l'altra. Se scattava la segreteria, richiamavo. A un certo punto Fede si accorse di quel bombardamento di telefonate e mi rispose: «Cosa sono tutte queste chiamate? È successo qualcosa?».

«Ascolta Fe', vuoi dirmi una volta per tutte cosa ti sta succedendo?»

Una domanda che gli avevo già fatto decine di volte. Ma quella sera, forse il tono diverso, forse il fatto che glielo chiedessi dopo esserci presi una pausa, forse era semplicemente il momento giusto, cominciò a parlare. Rimasi per un quarto d'ora buono in silenzio ad ascoltare. L'unico problema era che Fede aveva come al solito bevuto, e tanto, e non riusciva a esprimersi come avrebbe voluto. Di quello che mi disse capii poco e niente. Poi attaccò e mi richiamò più tardi, molto più tardi.

Quando ci salutammo erano le quattro di mattina. Nelle ore successive parlai con tutti: con Ben, con gli altri amici, con Morena, la sua mamma. Scoprii che Fede non tornava nemmeno più a casa, crollava direttamente in studio quando ormai era mattina per svegliarsi dopo pranzo. Era ingestibile, ma bisognava fare qualcosa. Gli amici lo raccolsero e lo riportarono a casa, e si assicurarono che ci rimanesse. Organizzarono barbecue e tornei di calcetto in giardino, comprarono un biliardino, inventarono mille attività da fare insieme purché lui riuscisse a ritrovare il suo equilibrio e a uscire dal tunnel in cui si era infilato.

Nelle settimane che seguirono, il confine tra "vicino" e "lontano" diventò assai sfumato. Fede mi scriveva dei messaggi, a volte anche molto romantici, io gli rispondevo l'istante successivo, poi magari aspettavo ore e ore per ricevere la sua risposta. Ci siamo incontrati. Ci siamo avvicinati e poi di nuovo allontanati, incapaci di stare nella stessa stanza senza litigare. Gli confidavo i miei pensieri più intimi attraverso Instagram, dove, ne ero certa, li avrebbe letti. L'11 giugno, in tutto questo bailamme, decisi di fare un nuovo tentativo. Tornai con la mente a un anno prima e scrissi:

È passato quasi un anno da quel «Ehi, sono in viaggio ed è tutto il giorno che mi tenete compagnia! :)» e dalla tua risposta «Sono stato un buon compagno di viaggio?». Per poi scoprire che, neanche a farlo apposta, qualche tempo prima mi avevi cercata tu, ma che io purtroppo avevo occhi altrove. Ma il destino, per fortuna, scrive le sue regole. E quando lo fa, lo fa davvero bene.

Ti volevo dire "grazie". Grazie per avermi tirato fuori i più bei sorrisi. Grazie per tirare fuori la spensieratezza dei miei ventiquattro anni, grazie perché mi fai sentire la più bella ogni giorno, grazie perché cresciamo ed esploriamo il mondo insieme, mano nella mano.

Ci siamo fatti una promessa: qualunque cosa accada, io ci sarò sempre per te, e tu ci sarai sempre per me. Abbiamo anche un bel tatuaggio che ce lo ricorda. Goodbye? Macché. Non è arrivato il momento. Da oggi solo Good Vibes.

È come quando stai facendo una passeggiata e all'improvviso scoppia un temporale e uno dei due non ha l'ombrello. Allora l'amore si dimostra quando chi ha l'ombrello corre a riparo dell'altro. Ricordi, no?

Ti amo infinitamente

Tua, Pao

Sentivo il bisogno di parlare con lui, di vederlo. Era scoppiata una tempesta, volevo sapesse che il mio ombrello era aperto anche per lui. Che ci eravamo presi una pausa, è vero, ma che non l'avevo abbandonato. Ci sarei stata, se lui avesse voluto.

I ragazzi della mia agenzia furono super comprensivi e promisero di aiutarmi a gestire gli impegni lavorativi, così ricavai qualche giorno e raggiunsi Fede a Modena. Mi sistemai in un albergo poco lontano da casa sua.

Prima di rivederlo ero nel panico: non sapevo che cosa aspettarmi, sarebbe stato contento di vedermi? Mi avrebbe mandato a quel paese? Era come se ci trovassimo agli estremi di un elastico che si tendeva e accorciava per ragioni indipendenti dalla nostra volontà. Nei giorni successivi l'elastico a volte ci aveva tenuto distanti, a volte anche molto vicini: una sera mi trovai con la sua testa in grembo e cominciai ad accarezzarla, proprio come faceva lui con me, per aiutarmi a superare la paura di volare.

Ero su un pendolo emotivo: a tratti mi sembrava che sarebbe stato possibile ricominciare, dopo poco sentivo di aver fallito nella nostra relazione, che il nostro rapporto non fosse più recuperabile. Non ero certa che Fede sarebbe mai tornato quello di prima e nessuno, se non lui, poteva darmi questa risposta. Ma chi di noi sa esattamente come sta in ogni momento? Io no di certo. Lui nemmeno, in particolar modo allora. Non aveva idea di che cosa sarebbe accaduto, ed era giusto così: ci sono fasi in cui la scelta più saggia è vivere il presente, attimo per attimo. Esattamente quello che Fede stava facendo allora.

“Ci sono momenti in cui davvero bisogna accettare di vivere solo il presente, attimo per attimo.”

Io però non ce la facevo. Mi consumavo nel tentativo di immaginare il futuro, e non riuscirci mi esauriva. Dopo una settimana tornai a casa. Non a Milano, a Vicenza.

Con i miei genitori ho un rapporto viscerale, e non solo perché sono la mia famiglia. Più cresco, più sento il bisogno di conoscere la loro opinione prima di prendere qualsiasi decisione importante. Quando ero più piccola il mio mantra era “faccio quello che voglio”, adesso, prima di fare la mia mossa, sento il bisogno di chiedere a papà e a mamma cosa ne pensano, se secondo loro sono nel giusto.

Mi terrorizza il pensiero che un giorno invecchieranno: sapere che un domani dovrò cavarmela da sola mi toglie il fiato. Oggi i miei genitori sono la mia sponda, il mio supporto, la mia bussola, la boa cui mi aggancio quando ho bisogno di far rallentare il cuore e capire in quale direzione ricominciare a nuotare.

Non c’è stata una volta, negli ultimi anni, in cui non li abbia resi partecipi delle mie scelte. Non perché senta il bisogno di avere costantemente la loro approvazione, ma perché so che hanno una visione più ampia e matura della mia. E se mi suggeriscono di rinunciare a qualcosa oppure di prendere una strada alternativa lo fanno in un solo interesse: il mio.

Quella volta spiegai loro che cosa era successo. Mamma e papà, come sempre, mi hanno lasciata libera di fare le mie scelte. Non mi hanno detto "Vai oltre, pensa al tuo benessere" né incoraggiato a tornare sui miei passi. Hanno visto le cose per come erano, delicate e impegnative, con una lucidità che a me di certo in quel momento mancava, e mi hanno dato un solo consiglio: rallentare. Potevo aspettarmelo: una delle perle di saggezza di mio padre è "Non prendere decisioni quando sei arrabbiata, e neanche quando sei troppo felice!".

«Paola, solo tu sai se vuoi continuare a stare con questo ragazzo o se vuoi lasciarlo» mi disse mio padre. «Ma adesso non sei in grado di prendere questa decisione, devi prenderti un minimo di tempo.»

"LE DECISIONI IMPORTANTI
ANDREBBERO PRESE
CON IL GIUSTO UMORE:
MAI QUANDO SIAMO ARRABBIATI
NÉ QUANDO SIAMO TROPPO
FELICI."

Fu così che, dieci giorni dopo aver festeggiato il traguardo dell'anno insieme, dopo un concerto al quale sognavo di andare da tempo immemorabile (quello di Luciano Ligabue), Fede e io ci staccammo per un po'.

Non riuscivo a pensare ad altro che a lui. Come starà? Cosa starà facendo? Mi starà pensando? Mi amerà ancora? Le comunicazioni tra noi non erano tornate fluide, rimaneva una vasta zona grigia che non mi sembrava ancora tempo di esplorare. Nemmeno sapevo se lo volevo. Avevo paura di tutte le opzioni: andare avanti, tirarmi indietro. E Fede, che cosa voleva Fede? Veramente, sotto il suo guscio: che cosa gli diceva il suo cuore? Anche questo mi sembrava un mistero intricatissimo.

Mi stavo facendo del male da sola. Ero dimagrita molto. Dormivo pochissimo. Andavo a letto con il dolore e mi svegliavo con il dolore. Piangevo continuamente, come un bambino quando cade e si fa male: i singhiozzi mi scuotevano al punto che dovevo rannicchiarmi per sentirmi ancora tutta intera.

Dopo un po', piangere sfianca. Assorbe ogni energia, come un buco nero. Non potevo continuare così. Dissi a Fede che l'idea della pausa continuava a sembrarmi la migliore che avessi avuto fino ad allora. Avevo bisogno di tempo per riprendere il controllo dei miei sentimenti e fare chiarezza.

Non potevo credere che fossimo davvero a quel punto.

Piangevo allora mentre parlavo con lui, e piango adesso mentre scrivo queste righe. Provai a cercare con lui una soluzione, ma non riuscivamo a trovare un punto di incontro.

Era la sconfitta peggiore della mia vita. In noi avevo creduto tantissimo: non stavamo insieme da decenni, ma in pochissimo avevamo vissuto esperienze così intense, ci eravamo aperti così tanto l'una con l'altro, che l'impressione era quella. Ci eravamo trovati, e ora ci stavamo perdendo.

«Non puoi restare, te ne devi andare» mi disse Fede, tornando a trincerarsi dietro le sue barriere. Sconvolta, sentendomi già parte del suo passato, gli risposi: «Fe', io sto cercando di salvare il salvabile chiedendoti di nuovo di prenderci una pausa. Tu vuoi che me ne vada. Ok, me ne vado, ma non perché lo voglio: sei tu che mi stai cacciando. Sappi che se esco da quella porta non mi rivedrai più».

Le ultime parole famose.

XV

Ho sempre avuto pochissime amiche. Non so perché, ma le ragazze mi vedono o come una minaccia o come una signorina snob, quando non sono né una né l'altra cosa. Sentirmi dire: "Non pensavo fossi così!" è una delle costanti della mia vita. Un po' mi dispiace che le ragazze mi tengano a distanza, un po' penso che sia destino, o forse semplicemente la mia storia. Un po', però, mi ritrovo in pieno in questa selezione brutale delle persone vicine, perché ho tantissime conoscenze, ma gli amici stretti li conto sulle dita di una mano. Vorrei averne di più? Certo, chi non vorrebbe! Però non ne soffro: mi sono resa conto negli anni che sprechiamo tanto tempo per renderci graditi agli occhi degli altri, mentre potremmo meglio impiegare questo tempo nell'approfondire i rapporti con le tre, quattro persone con le quali davvero abbiamo una sintonia, che sentiamo vicine.

> “SPRECHIAMO TANTO TEMPO PER RENDERCI GRADITI AGLI OCCHI DEGLI ALTRI, MENTRE POTREMMO MEGLIO IMPIEGARE QUESTO TEMPO NELL’APPROFONDIRE I RAPPORTI CON LE POCHE PERSONE CHE DAVVERO SENTIAMO VICINE.”

Una di queste persone è, incredibilmente, una donna. Se *Mai dire Talk* mi ha fatto un regalo, è Aurora. Lei e io non ci eravamo mai incrociate finché non ci ritrovammo sedute l’una accanto all’altra sullo stesso divanetto degli studi di Italia 1. Abbiamo subito scoperto di avere un sacco di punti in comune: l’ironia, la passione per l’intrattenimento, una pigrizia congenita che ci sforziamo di superare quando è il momento di allenarsi, l’amore per il cibo e in particolare la pizza, l’interesse per i viaggi. Più che altro, però, abbiamo lo stesso sguardo sul mondo e sulle relazioni. Condividiamo una sorta di senso di estraneità rispetto ad alcuni valori molto diffusi nella nostra generazione e la convinzione che costruire rapporti duraturi sia non solo possibile, ma bello, anche se costa sacrifici (o forse proprio per questo).

Mentre ero a terra, Aurora e un'altra carissima amica che ho conosciuto grazie a lei, Sara, mi hanno prima raccolto con il cucchiaino e poi proposto di andare in vacanza con loro. «Pao, sei troppo in down. Vieni con noi, vedrai che ci divertiamo, ti tiriamo un po' su di morale.» Ho accettato di corsa e le ho seguite prima a Capri e poi a Ischia.

È stata la cosa migliore che mi potesse capitare. I giorni che ho passato con loro hanno fatto bene alla mia anima. Il mondo è tornato a essere un posto caldo, ospitale. Dopo una settimana mi sentivo rinata, se non altro nel corpo: avevo mangiato bene, preso il sole, camminato tanto, nuotato, riso molto. Avevo cercato la serenità nei piccoli momenti quotidiani e l'avevo ritrovata.

Avevo capito che l'unico modo per non pensare costantemente a Federico era tenere la testa impegnata e facevo in modo di saturare le giornate con ogni tipo di attività.

Al ritorno da Capri e Ischia partii per Ibiza, sempre con Aurora e Sara.

In quel periodo pubblicai una piccola Instagram story per dire che Federico e io eravamo distanti. Era da un po' che non pubblicavamo scatti insieme, non volevo che i miei o i suoi follower si sentissero traditi o che venisse ricamato sulla nostra storia chissà quale gossip. Scoppiò un mezzo putiferio, ma poi i commenti si placarono e tornò la calma. Era una calma apparente: mentre ero via venni assalita da una notevole quantità di marpioni reali e digitali, che provavano a tastare il terreno. Respingevo tutti a priori. Non volevo saperne di nessun uomo – non tanto perché avessi un generico rifiuto del sesso maschile, come a volte capita quando una relazione finisce, ma perché nessuno di questi era l'unico lui che continuavo ad avere in testa.

Allontanarmi dai miei sentimenti era impossibile, ma credevo che, se fossi andata lontano, se fossi uscita tanto, avessi ballato fino ad avere le gambe doloranti, ascoltato tanta musica a un volume molto forte e visto ancora più tramonti, allora, forse, sarei riuscita a prendere le distanze da quell'amore così tormentato quel tanto che bastava da capire il da farsi.

Il mio piano non funzionava benissimo. Sì, mi divertivo, ma di fondo avvertivo una sorta di sensazione di incompletezza, come se sapessi che tutto ciò che stavo vivendo – che pure era fantastico – avrebbe avuto un sapore più forte e più buono se Fede fosse stato al mio fianco.

Ai primi di agosto, Fede mi chiese di vederci. «Ti offrirei volentieri un bicchiere d'acqua (non di vino) a Vicenza. Se tu ci sei, io ci sono.» Cuore a mille. "E adesso cosa faccio?" Non avevo mai davvero chiuso con lui, non l'aveva fatto la mia anima, quindi la risposta che volevo dargli era "sì, certo, ti aspetto". Però avevo così sofferto negli ultimi mesi che decisi di provare a proteggere me, questa volta, prima di buttarmi subito a proteggere lui, come facevo di solito. «Se ci tieni ok, ma è solo un bicchiere d'acqua» gli scrissi. Come per dirgli: non farti illusioni, non pensare che ci sia la possibilità di ricominciare come prima.

Lo portai in un locale sui Colli Iberici, lontano da tutto e da tutti, per poter parlare tranquillamente senza essere riconosciuti. Non che dispiaccia a nessuno dei due, ma ci sono momenti nella vita in cui è meglio stare per conto proprio. Quello era molto delicato e apparteneva a questa categoria.

Il locale era praticamente deserto. Parlammo come non ci capitava da mesi. Fede mi spiegò tutto quello che aveva scoperto su di sé: mi svelò le sue paure, le sue insicurezze, la sua fragilità. Mi disse che non aveva mai voluto tenermi fuori dalla sua vita e dal suo cuore, che farlo lo aveva addolorato come poche cose, ma che non era proprio riuscito a fare diversamente. Si era cristallizzato in un ruolo che non gli apparteneva, non del tutto almeno, interpretando il quale si sentiva però più al sicuro dallo spettro del fallimento. Come se non meritasse il successo che aveva e, per esserne all'altezza, dovesse trasformare se stesso. Un corto circuito dal quale, comprensibilmente, non era facile uscire. Era lì perché voleva chiedermi di tornare insieme. Mi guardò negli occhi e io rimasi in silenzio per almeno cinque minuti.

Non aveva deciso di godersi un bel niente. Sono certa che, se avesse potuto vedersi da fuori, avrebbe subito cambiato comportamento. Ma non poteva, ovviamente. Per certi versi aveva subito l'accaduto lui per primo. Era semplicemente successo, punto. E nessuno dei due avrebbe potuto fare qualcosa per evitarlo.

Lo amavo, ma avevo paura che quella situazione si sarebbe ripresentata al prossimo successo, e di andare allora definitivamente in pezzi. Non sapevo cosa dire. Dalle labbra mi uscì un no incerto, ma lo amavo ancora, quindi forse era sì. In realtà ero spaventata e glielo dissi.

Qualche giorno dopo, mi svegliai con un suo messaggio: «Buongiorno, vorrei provare un nuovo ristorante di sushi. È a soli 175 chilometri da casa mia, ma a 3 da casa tua. Fatalità... Passo a prenderti alle otto?»

Questa scena si è ripetuta almeno tre volte. E probabilmente si sarebbe ripetuta ancora se Fede non fosse partito per Los Angeles con Ben e io non fossi tornata a Ibiza con Sara. L'occasione perfetta per fare finalmente chiarezza.

All'arrivo aprii la valigia e ci trovai dentro un biglietto di mio padre:

> Ciao Paola! Questi giorni che hai passato a casa, magari un po' noiosi, un po' senza meta, per me sono stati ossigeno! Ora andrai avanti con i tuoi sogni complicati, ma sei tosta!
>
> Ci saranno sempre dei problemi, delle delusioni, ci saranno momenti in cui non saprai quale strada prendere. Quando ti capitano, vai col tuo istinto.
>
> Nella vita certe volte si sbaglia, certe volte si fa la cosa giusta, ma quando sbagli non disperare mai! Si cambia direzione e si va avanti.
>
> Ricorda sempre che hai una famiglia che ti ama profondamente e incondizionatamente!
>
> Se hai bisogno d'aiuto, di consigli, devi sempre parlare con me. Magari non avrò la soluzione a tutto, magari ti dirò la cosa che non vorresti sentire, ma ti dirò sempre quello che penso sia giusto per te. In qualsiasi parte del mondo sarai, io ci sarò sempre. Non dimenticarlo mai.

Anche da lontano, papà continuava a ispirarmi. Parlava di istinto: forse era proprio quello di cui avevo bisogno. Decidere con la pancia e con il cuore, non con la testa, per una volta. E se avessi sbagliato, pazienza: avrei cambiato direzione e sarei andata avanti lo stesso.

> “In amore dobbiamo fidarci del nostro istinto. Decidere con la pancia e con il cuore, e lasciare alla testa il compito di aiutarci ad andare avanti, se ci accorgeremo di avere sbagliato.”

Un giorno Fede mi spedì un suo selfie: dietro di lui c'era il porto di Ibiza. «Cosa?!» esclamai a voce altissima, facendo girare metà del ristorante dove Sara e io stavamo cenando. «Guarda» e le passai il telefono. «Ecco, adesso mi tocca fare il lume per tutto il resto della vacanza» chiosò Sara.

Da Los Angeles, invece di tornare in Italia, Fede era venuto a Ibiza. Si era fatto accompagnare da Filippo, un amico che potremmo definire come minimo generoso.

«Cosa devo fare?» chiesi a Sara. Cosa volevo fare mi era già abbastanza chiaro…

«Eh, cosa devi fare… Dagli l'indirizzo del residence.»

Ci incontrammo tutti e quattro nel baretto sfigatissimo vicino all'appartamentino che avevo affittato con Sara. La situazione era abbastanza ridicola: Sara rassegnata al fatto che avrei passato il resto della vacanza con quello che, teoricamente, era il mio ex; Fede e Filippo devastati da nove ore di fuso e quindici di trasferta aerea con scalo; io, che già prima di cena non mi sentivo una favola, avevo scoperto di avere la febbre e stavo malissimo. Restavo in piedi solo grazie all'adrenalina.

Dopo quattro chiacchiere nel baretto, Filippo tornò in albergo, mentre Sara, Fede e io salimmo nell'appartamento. Al momento di accaparrarci le camere, Sara si era aggiudicata la matrimoniale, a me era toccata quella con due letti singoli. Mentre lei si sistemava nella sua stanza gigante, Fede e io ci chiudemmo nella mia cameretta e ci sedemmo fianco a fianco, sul bordo di uno dei due letti.

«Leggi» mi disse, allungandomi una lettera.

Per Pao

Sai, da quel giorno ho capito che tra di noi c'era una forza indomabile e che, come qualsiasi cosa così forte, dovesse essere plasmata, vissuta, osservata e assimilata pian piano, quasi come un'energia che non avrebbe mai smesso di detergere le tele di questa nostra giovane età.

Abbiamo imparato tanto l'uno dall'altra, ci siamo amati alla follia, ci siamo stati vicino nei momenti più bui, ci siamo impauriti quando tutto sembrava avere sgretolato quella stabilità ottenuta, che con gli anni e l'esperienza capiremo sarà la lotta più grande di questa vita.

Abbiamo dubitato di tutto quando una crepa ha infranto la roccia su cui eravamo ben saldi, poi ci siamo ritrovati così, come due pazzi che non accettano l'idea di essere pazzi da soli, perché tutto questo, questa esistenza è più gioiosa se si osa insieme, se si condivide l'ombrello quando piove, se si corre insieme quando c'è il sole.

Dicono che un diamante sia per sempre e io questo proprio non lo posso sapere, so però che per sempre è l'energia che può racchiudere e quella che puoi trovare ogni volta che lo guarderai, in qualsiasi momento. Questo anello è un fiore formato da tante stelle che luccicano, una per ogni cosa bella che la vita ti sta offrendo: una magari per la tua mamma, una per il tuo papà, una per tuo fratello, una per i tuoi sogni, una per le tue amicizie, una per il tuo lavoro, una per tutti i viaggi che vorrai fare, una per te, la più grande, per far sì che il bel sorriso che hai non possa mai essere spento. E una, se vorrai, anche per me.

Spero ti piaccia con tutto il cuore.

Fede

P.s.: Ti amo.

Tirò fuori una scatolina, dentro c'era l'anello di cui parlava nella lettera. «Spero che ti piaccia» mi disse. «Non ti sto proponendo di sposarmi, ti sto semplicemente chiedendo di tornare a condividere la vita insieme a me. Se comunque non vorrai, io continuerò ad attribuire a questo anello il significato che ti ho scritto. Dai, prendilo.»

Avevo la febbre a trentotto, sfiorò i quarantadue... Mi sentivo svenire. Piangevo. Non capivo più niente. O meglio, capivo che lui aveva fatto quasi diecimila chilometri per venire a portarmi una lettera scritta di pugno e un anello che aveva comprato dall'altra parte del mondo. Capivo di aver passato un'estate attanagliata dalla paura di soffrire con lui ma anche di stare senza di lui, il tutto perché temevo che l'uomo che amavo avesse perso se stesso. Ma ecco che me lo ritrovavo davanti, in carne, ossa e cuore.

> “Preferisco i rimorsi ai rimpianti. Pentirmi di avere tentato, al dispiacere per aver lasciato passare un'occasione senza coglierla.”

Non amo i rimpianti. Non voglio trovarmi domani a guardarmi indietro e pentirmi di non aver provato a fare qualcosa, me l'ha insegnato Morena. «Non permettere mai alla vita di portarti lontano da chi ami prima di aver provato a recuperare il rapporto» mi aveva detto in tempi non sospetti. In quel momento sentivo le sue parole riemergere dal fondo della mia coscienza. «E se un domani si ripresentasse la situazione che tanto mi ha fatto soffrire, cosa cambierebbe? Alla peggio tornerei sui miei passi e capirei definitivamente che tra noi non poteva funzionare. Ma adesso no, non sono pronta a mettere da parte questo amore. La nostra storia per me non è ancora finita.»

Era il momento di prendere la decisione che avevo così a lungo rimandato. Avevo avuto la mia pausa, ero riuscita a guardare alle cose con più razionalità, avevo inquadrato la tempesta che Fede aveva attraversato ed ero pronta a prendermi il rischio di trovarci di nuovo allo stesso punto.

Lo baciai come non avevo fatto mai. Poi, tra le lacrime, gli dissi la verità: «Non voglio altro che tornare insieme. Ma non posso garantirti che da domani tornerà tutto come prima».

Desideravo che le cose funzionassero davvero, quindi dovevo essere chiara dal primo istante. Tutto volevo fuorché trovarmi, alla prima discussione, a rinfacciargli la sofferenza che avevo patito: se per ripulirmi da tutte quelle scorie dovevo procedere lentamente ancora per qualche tempo, secondo me ne valeva la pena.

Fede mi infilò l'anello al dito. Lo guardai negli occhi, il cielo di Ibiza dietro di noi, e mi sembrò per un attimo di essere di nuovo a Santorini, a cena sotto le stelle, con la Luna che si nascondeva piano piano. Una serata folle. Una serata perfetta.

La mattina dopo, nonostante la febbre ancora alta, i miei intenti sul ricominciare con i piedi di piombo si sgretolarono in un secondo. Aprii gli occhi, allungai il braccio sul letto di fianco. Fede era lì, e la sua presenza era talmente naturale, talmente familiare, che mi chiesi come fosse possibile sentirmi così dopo che eravamo stati separati tutto quel tempo.

Il nostro secondo "primo giorno" lo passammo a curarmi. Ero a pezzi e gli chiesi di chiamare un medico e, dopo la visita, di andare a comprarmi le medicine.

Per recuperare il tempo perduto, a fine agosto Fede prenotò un weekend solo per noi in un resort sulle rive di un lago di montagna, dove eravamo già stati l'anno prima. L'aveva scovato perché sapeva che adoro la montagna, particolarmente d'estate: mi piace passeggiare e amo l'atmosfera delle case di legno, con il fuoco che arde nel camino. Attorno alla struttura centrale sono disposti tanti piccoli chalet costruiti come case sugli alberi: la prima volta che l'ho visto era un sogno che diventava realtà! La mattina lasciavamo la frutta secca sul ballatoio attorno alla camera e in dieci minuti ricevevamo la visita di scoiattoli dalle code foltissime, che si lasciavano accarezzare. Lì avevamo consolidato il nostro rapporto l'anno prima, lì abbiamo ritrovato noi stessi, la nostra coppia. La nostra magia.

XVI

Avevo conosciuto Alfonso Signorini nell'aprile dell'anno precedente: una vita prima, almeno dal punto di vista sentimentale! Ero stata ospite a *Casa Signorini*, un talk show che andava in onda sulla rete web 361TV.

Lui mi era piaciuto moltissimo, e credo di avergli fatto anch'io una buona impressione perché in estate, mentre girovagavo tra l'Italia e Ibiza, mi aveva cercato e proposto di far parte del cast del *Grande Fratello VIP*. «È la prima edizione che conduco e vorrei un cast di cui sono convinto al cento per cento. Ti reputo una ragazza in gamba, Paola, secondo me potresti essere perfetta. Che ne pensi?» mi aveva detto.

Gli risposi la verità, che non sapevo cosa pensare. Non mi sentivo così adatta per quel programma, soprattutto visto il periodo che stavo attraversando. La mia vita privata era saltata per aria, mi pareva che per prendere parte a una trasmissione del genere fosse indispensabile avere un minimo di stabilità – cosa che, in quel momento, sentivo mancarmi. Rimanemmo comunque intesi che ci saremmo rivisti per un colloquio a breve.

Nell'attesa, mi domandai più volte che cosa avrei potuto aggiungere io a un programma come il *Grande Fratello* e se sarei riuscita a reggere quel tipo di pressione. Ero così dubbiosa che chiesi alla mia agenzia di cancellare l'appuntamento per il colloquio con la produzione, già fissato nel mese di luglio.

Ad agosto, nel momento in cui Fede andava e veniva tra Modena e Vicenza, la casa di produzione mi cercò nuovamente per chiedermi un incontro a Roma. «Solo quattro chiacchiere» mi dissero, «giusto un incontro informale, per vedere se ti interessa.» Mi sentivo meglio rispetto alle settimane precedenti, più in grado di valutare le opportunità che mi si presentavano, e poi erano solo quattro chiacchiere senza impegno, no?

Andai a Roma senza parlarne con Federico: non sapevo se ci saremmo riavvicinati né se da quell'incontro sarebbe nato qualcosa di concreto, così tenni questo passo per me.

L'appuntamento – chiamiamolo con il suo nome: il provino – andò benissimo: risposi alle domande della produzione, sentendomi subito a mio agio. Seduta a quel tavolo, con l'occhio gigante del Grande Fratello alle mie spalle, mi sentivo proprio bene. Provavo solo sensazioni positive: mi piacevano le persone che avevo di fronte, mi sentivo tranquilla. Sapevo che se non fosse andata non mi sarei fustigata per gli anni a venire: ero lì per il piacere di esserci.

"Stai a vedere che mi prendono" mi dissi una volta all'aria aperta. Sentivo che mi avrebbero chiesto di far parte del cast: l'atmosfera che si era creata non poteva essere stata così piacevole solo per me.

Ricevetti la chiamata che mi confermava come concorrente appena prima di andare in montagna con Federico. Una mattina, a colazione, gli raccontai tutto. Lui storse il naso. Ci eravamo appena ritrovati. «Quando dovrebbe iniziare?»

«Ottobre. Cosa ne pensi?»

«Mi prendi alla sprovvista, mi ci vorrà un attimo per metabolizzarlo, ma se credi che sia il programma giusto per te vai. Io ci sono.»

Stupita da quella reazione così zen, mi presi il tempo per pensarci, poi accettai. Volevo avere l'opportunità di mostrarmi al pubblico per come ero nella realtà, nella mia quotidianità, nel profondo, oltre a ciò che è possibile condividere su un social network. Forse il *Grande Fratello* è l'unico programma televisivo che consente agli spettatori di conoscere davvero la sfera personale dei personaggi sullo schermo, di capire di che pasta sono fatti, come ragionano e cosa pensano.

Poi il palinsesto ha fatto scivolare la trasmissione in avanti e così, per la gioia di tutti (me compresa, che avevo più tempo da trascorrere con il mio fidanzato e per prepararmi), entrai nella casa l'8 gennaio 2020, il giorno del mio venticinquesimo compleanno.

Con Fede decidemmo di proteggere il più possibile la nostra storia. Sapevamo che i tre mesi da trascorrere separati, senza poterci nemmeno scambiare un messaggio o una telefonata, sarebbero stati una dura prova, e non volevamo complicare ulteriormente le cose, dando in pasto al gossip aspetti privati della nostra vita che meritavano di rimanere privati. Così avremmo tutelato la nostra coppia ma anche la mia immagine pubblica: il rischio di essere fagocitata dall'etichetta di "la fidanzata di" c'era, ed era anche grosso.

Mentirei se dicessi che non è stato difficile.

Passare tre mesi chiusi in casa senza poter uscire né guardare la televisione né utilizzare il telefono è destabilizzante. La cosa strana che accade tra quelle quattro pareti è che a un certo punto la mente, forse per difesa, fa scattare un meccanismo per cui identifica quella come la vita "vera". La normalità di prima sembra molto lontana, talmente lontana che si rischia di dimenticarsene. Ogni sera, prima di andare a letto, pensavo alla mia famiglia e a Fede, cercavo di ricordarmi i miei obiettivi e anche i miei punti fermi, perché non volevo che le persone che amo fossero in alcun modo deluse dal mio comportamento nella casa. Penso di esserci riuscita abbastanza bene, e di aver centrato così il mio obiettivo: farmi conoscere per quella che sono.

Tantissima gente ha rivisto la sua opinione su di me. Uno dei messaggi che più di frequente ricevo ancora è: «Mi hai stupita, pensavo fossi altezzosa, invece adesso ti seguo. Ti prego non cambiare mai, sei una fonte di ispirazione per me...»

È andata come avevo immaginato, che suona un po' arrogante, ma è così. Quando ancora il *Grande Fratello* non era nemmeno un'ipotesi, durante uno dei miei viaggi in treno avevo visualizzato la scena finale: ero nello studio televisivo dove, ogni anno, la trasmissione si conclude, sul palco insieme a un'altra persona, e la voce del conduttore annunciava la vincitrice: "Paola!".

È stata una chiusura spettacolare per quella folle avventura. La produzione ci ha tenuti costantemente informati su cosa stava accadendo nel mondo, ma un conto è apprendere le cose, altra cosa è viverle: mentre ero nella casa del *Grande Fratello* non potevo sentire la paura, immaginare lo smarrimento che provavano i miei concittadini. Ho capito tutto quando sono tornata a casa, a Vicenza. Allora l'altissima onda di gioia con cui sono uscita si ridimensionò: credevo di aver vissuto una delle esperienze più surreali che possano capitare a un essere umano, invece davvero surreale è stato trovare, al mio ritorno, un mondo completamente cambiato, in cui era proibito anche darsi un abbraccio.

Non ho potuto vedere Fede fino a maggio. Lui era residente a Modena, io a Vicenza. Forse è stato allora che cominciò a maturare dentro di noi la decisione di andare a convivere, a Milano. So già che sarà una sfida: io ormai vivo sola da qualche anno, mentre Fede vive da solo prevalentemente in albergo. La sua casa è ancora quella di Morena, la sua mamma. Un po' come fece mia madre quando trovai la mia prima casa, dovrò insegnargli come si accende l'aspirapolvere e a separare i bianchi dai colorati prima di avviare la lavatrice. Mentre lui imparerà a stendere per minimizzare la necessità della stiratura (nessuno dei due è in grado di tenere un ferro in mano), io cercherò di ampliare la varietà di piatti che sono in grado di cucinare. Sui dolci sono un asso, sui salati ho ampi margini di miglioramento: il mio must è una scarnissima insalata di riso, tonno e pomodorini, per dire.

> “L'AMORE È UN PUZZLE
> IN CUI CIASCUNO
> METTE DEL PROPRIO.”

Faremo del nostro meglio, o almeno spero. Sono pronta al fatto che io dovrò sopportare tante cose di lui, e così lui di me, ma questa è la vita. Se non lo volessi, sceglierei di ritirarmi in un eremo su una montagna, in compagnia di aquile e marmotte. Sarebbe una vita molto inadatta a me, però. Preferisco di gran lunga impegnarmi per individuare la strategia giusta per far collimare le mie abitudini con le sue, incastrare i miei gusti con i suoi, anche se questo significa ogni tanto chiudere un occhio. D'altra parte, l'amore non è forse un puzzle, in cui ciascuno mette del proprio?

XVII

Non riesco a stare ferma. Non mi sento né, forse, mi sentirò mai realizzata al cento per cento. Sono alla perenne ricerca del cambiamento, di un nuovo obiettivo, di un elemento che mi privi dell'equilibrio che ho costruito, che mi impedisca di accomodarmi su ciò che ho raggiunto e mi sproni ad andare avanti.

Appena consolido una situazione, sento il bisogno di spingermi un pochino più in là. Non di fare balzi di centinaia di metri, ma piccoli passi.

Mi sono sempre comportata così. Quando andai a Milano la prima volta, non pensavo di spaccare il mondo o di propormi per un casting che non avrei potuto permettermi, data la mia inesperienza, ma a cercare un'agenzia che potesse indirizzarmi ed essere adatta a me. Penso sia stato un buon modo di agire. Se adesso sto vedendo risultati e raccogliendo qualche soddisfazione, credo sia perché ho seminato bene, ho saputo essere paziente, scegliere solo opportunità che erano alla mia portata nel momento in cui mi passavano davanti.

> “SOGNI GRANDI, PICCOLI PASSI PER REALIZZARLI. IO FACCIO COSÌ, PERCHÉ I MIEI NON RIMANGANO CASTELLI IN ARIA: MAGARI BELLISSIMI, MA IMPALPABILI.”

Amo sognare in grande, ma poi quei sogni mi sono sempre sforzata di calarli nella realtà. Altrimenti rischiano di rimanere castelli in aria: magari bellissimi, ma impalpabili.

Siccome i sogni grandi non ci stanno tutti interi nei singoli giorni che costituiscono la mia immediata quotidianità, li spezzetto.

Cerco di capire fin dove mi posso spingere con i mezzi che ho a disposizione, quale mossa mi conviene fare. Di solito scelgo esperienze che so di potermi permettere senza commettere troppi errori, senza rischiare di finire fuori strada.

Non mi azzardo mai a muovere passi più lunghi delle mie gambe. Se mi fosse stato proposto di partecipare al *Grande Fratello* subito dopo aver lavorato a TVA Vicenza, per esempio, sarei stata di sicuro ingolosita da questa occasione, ma probabilmente avrei passato il resto dei miei giorni a rimpiangere di essere stata troppo immatura per gestirla nel modo giusto...

Il che non significa che non mi spingo mai fuori dalla mia comfort zone. Rimanendo sempre al sicuro non si arriva da nessuna parte, se non tra le mura di casa propria. Un pizzico di coraggio e di follia ci vogliono, ci mancherebbe. Ma non troppi, ecco. Ci vogliono forse pizzichi di coraggio e follia temperati da un velo di razionalità.

> "CORAGGIO E FOLLIA: SENZA, NON SI ARRIVA DA NESSUNA PARTE.
> SI RIMANE AL SICURO, CERTO, MA TRA LE MURA DI CASA PROPRIA."

A volte gli amici mi dicono che sono troppo concreta. Non hanno torto, io stessa a volte fatico a scendere a patti con il mio pragmatismo. "Hai venticinque anni! Rilassati!" mi ripeto. Il cosiddetto "relax" dura cinque minuti, dopo i quali riprendo a interrogarmi.

In questi ultimi anni, soprattutto durante i momenti di calma piatta tra un impegno televisivo e l'altro, mi sono chiesta spesso se fosse il caso di abbandonare la strada intrapresa e dirigere altrove le mie energie.

Non è semplice confessare a se stessi che a volte, per essere felici, bisogna accantonare i propri sogni. Siamo stati cresciuti nel culto degli obiettivi realizzati. Ma se i nostri obiettivi non si realizzano? Se i nostri sogni non prendono forma e rimangono, appunto, sogni? Siamo condannati a essere insoddisfatti tutta la vita? Io credo di no. Non c'è niente di male nel cambiare strada. Ma credo anche che sia importante prendersi il tempo per provare a perseguire quella che abbiamo creduto fosse la nostra, e farlo con la consapevolezza degli sforzi che stiamo profondendo e dei risultati che otteniamo. Se le due cose non sono minimamente paragonabili (e questo, inevitabilmente, ci causa frustrazione e tristezza) allora forse sarà il caso di provare a guardarsi attorno.

Come vedete, mi ci sono molto interrogata, su questo tema. Io sono stata fortunata: mentre attendo la Grande Opportunità televisiva, ho scoperto di poter lavorare con i social network, che mi permettono anch'essi di rivolgermi al pubblico, sebbene in un altro modo. Sono due mondi che viaggiano paralleli ma hanno molti punti in comune.

Il mio sogno è ancora bello acceso. Mi piace pensare che tra dieci anni sarò una conduttrice televisiva, con un programma suo su una rete nazionale. Continuerò a lavorare come influencer, perché mi piace troppo e adoro il rapporto che si è creato con i miei follower. Spero che avrò comprato una casa a Milano, la città di cui sono innamorata. Avrò un compagno (e su questo un'idea ce l'avrei…) e magari due o tre bambini. Mi destreggerò tra gli studi televisivi e la casa con i miei figli, la sera crollerò sul divano guardando una serie con il mio compagno. E quest'ultimo dettaglio è identico a ora: il giorno dopo mi faccio regolarmente raccontare da Fede come sono andati a finire gli episodi, così la sera, quando ne guarderemo un altro, riuscirò più o meno a seguire la trama…

È ragionevole supporre che a un certo punto dovrò pormi concretamente il problema di rinnovarmi. In questo momento lavoro molto con la mia immagine ma il mio corpo non resterà lo stesso per sempre. Nonostante tutti gli sforzi che posso fare, non sarò un'eterna venticinquenne. In più, ogni giorno in rete nascono volti nuovi, che si riversano sui social, nel mondo dello spettacolo, nel mondo della musica e del cinema e così via. Non è così remota la possibilità che un domani spunti qualche Paola più giovane, più bella, più spigliata e più accattivante di me. Se non dicessi apertamente che questo mi spaventa sarei un'ipocrita.

Ma credo che le paure siano lì apposta per aiutarci a capire di che pasta siamo fatti. Il punto non è tanto provare paura, ma come reagiamo, a quella paura. Se ci lasciamo annichilire, va da sé che saremo sopraffatti. Se invece riusciamo a trasformare la paura in motivazione per fare meglio, in modo da non arrivare nemmeno a trovarci nella situazione che tanto ci intimorisce, credo che ce la possiamo fare. Dopo la tempesta, in fondo, c'è sempre il sole: dobbiamo ricordarcelo sempre. Il buio non può essere perenne. Le difficoltà ci sono, ma se riusciamo ad affrontarle guadagneremo nuove consapevolezze e nuova luce.

«Le paure ci aiutano a capire di che pasta siamo fatti. Possiamo lasciarci annichilire o trasformarle in motivazione per fare meglio.
Perché non tentare?
Dopo la tempesta c'è sempre il sole: le difficoltà ci sono, ma se riusciamo ad affrontarle guadagneremo nuove consapevolezze e nuova luce.»

Io oggi sto facendo così: cerco di costruire ogni giorno per garantirmi delle basi per il mio futuro. So che nel mio campo, come in tanti altri, uno su mille ce la fa: be', io vorrei essere quell'uno.

Per questo non ho ancora elaborato un piano B. Per non offrirmi scappatoie su un piatto d'argento. Per rimanere centrata sul presente. Per ricordarmi che la vita è un soffio, e che devo assaporarne ogni istante. Per stemperare la mia concretezza con la leggerezza della mia età. Perché io ci credo, nel lieto fine. E non è certo questo: sono ancora all'inizio!

Ringraziamenti

Grazie alla mia famiglia, la forza delle radici e la capacità di immaginare il futuro.

Grazie a Federico, il mio amore.

Grazie agli amici delle serate divano&serie TV a casa mia: loro sanno chi sono.

Grazie a Gianluca, Eugenio, Matteo e Benedetta, la squadra spaziale che mi supporta quotidianamente nel mio lavoro.

Grazie a Gabriele, autore dello scatto che vedete in copertina.

Grazie anche alla bambina che sempre in copertina è ritratta: se oggi sono qui, lo devo prima di tutto alla sua immaginazione a colori e alle ali che si è pazientemente costruita per volare alto.

Last but not least, grazie a voi, che mi seguite ogni giorno. Grazie del supporto, dell'affetto e della fiducia: ne avrò buona cura. Spero che ciò che è stato di ispirazione a me possa ispirare anche voi nel camminare nella direzione dei vostri sogni.

Finito di stampare nel mese di ottobre 2020
presso Grafica Veneta – via Malcanton, 2 – Trebaseleghe (PD)

Printed in Italy